Mediterrane Küche

Kochen mit der Sonne des Südens

Das Mittelmeer verspricht uns immer wieder einen schönen Urlaub: eine angenehm frische Brise am Strand, traumhafte Landschaften und wunderbares Essen. Mit unserem neuen Kochbuch „Mediterrane Küche" laden wir Sie zu einer kulinarischen Rundreise von Italien über die kroatische Adria, Griechenland, die Levante-Region im vorderen Orient, Nordafrika, Spanien bis nach Frankreich ein. So vielfältig die Kulturen der einzelnen Länder sind, so zeigen sich auch sehr unterschiedliche Kochtraditionen. Dennoch gibt es viele verbindende Zutaten, vor allem bei der Wahl von Gewürzen und Kräutern.

Freuen Sie sich auf über 150 raffinierte Rezepte, die das sonnige und positive Lebensgefühl der Menschen, die rund um das Mittelmeer leben, auch zu Ihnen nach Hause bringen. Von Antipasti, Tapas und Mezze über Coq au Vin, Pizza, Cevapcici, Tajine und korsischen Lammtopf bis zu Crema catalana und Tiramisu.

Wir wünschen Ihnen viel Spaß beim Kochen und guten Appetit!

Ihre Redaktion
kochen & genießen

Inhalt

Italien „La Dolce Vita" — S. 6
- Hauptgerichte — S. 8
- Pasta — S. 18
- Antipasti — S. 26
- Pizza — S. 32
- Desserts — S. 36

Frankreich „Bon Appétit" — S. 42
- Hauptgerichte — S. 44
- Vorspeisen — S. 54
- Quiches & Tartes — S. 60
- Desserts — S. 64

Spanien „Fiesta española" — S. 70
- Hauptgerichte — S. 72
- Tapas — S. 82
- Desserts — S. 92

Zu Gast in Griechenland — S. 98
- Hauptgerichte — S. 100
- Desserts — S. 118

Kroatische Adria — S. 126
- Hauptgerichte — S. 128
- Desserts — S. 136

Levante-Küche — S. 140
- Mezze & Hauptgerichte — S. 142
- Desserts — S. 164

Leckeres aus Nordafrika — S. 166
- Hauptgerichte — S. 168

Wissenswertes
- Warenkunde: Kräuter & Gewürze — S. 68
- Warenkunde: Käse — S. 96
- Warenkunde: Oliven & Olivenöl — S. 124

Rezepte von A bis Z — S. 180

La Dolce Vita

Gesund, frisch, köstlich und mit süßem Abschluss – wer gern mediterran kocht, kommt an der italienischen Küche kaum vorbei. Freuen Sie sich auf wunderbare Genussmomente

Hauptgerichte

Treten Sie ein und fühlen Sie sich mit unseren traditionellen Rezepten und verlockenden neuen Ideen wie in einer Trattoria

Gewürz-Ossobuco
mit Mandel-Gremolata und Polenta

ZUTATEN FÜR 4 PERSONEN
- 2 Zwiebeln
- 2 Knoblauchzehen
- 3 große Möhren
- 300 g Knollensellerie
- 1 Bund glatte Petersilie
- 4 Kalbsbeinscheiben (à ca. 300 g)
- Salz • Pfeffer
- ca. 50 g Mehl
- 4 EL Olivenöl
- 1 EL Tomatenmark
- 500 ml Weißwein
- 1 Dose (850 ml) geschälte Tomaten
- 200 ml Rinderfond (Glas)
- 3 Gewürznelken
- 4 Kardamomkapseln
- ½ Stange Zimt
- 2 EL (20 g) gemahlene Mandeln
- 1 Bio-Zitrone
- 300 ml Milch
- 1 EL (10 g) Butter
- 175 g Polenta (Maisgrieß)
- 50 g Parmesan (Stück)

1 FÜR DAS OSSOBUCO Zwiebeln schälen und grob würfeln. Knoblauch schälen und fein hacken. Möhren und Sellerie schälen und klein schneiden. Petersilie waschen, Hälfte grob hacken und den Rest beiseitelegen.

2 Fleisch abspülen, trocken tupfen und eventuell die Haut am Rand mehrmals einschneiden. Beinscheiben mit Salz und Pfeffer würzen und in Mehl wenden.

3 3 EL Öl in einer großen Pfanne erhitzen. Beinscheiben darin pro Seite ca. 2 Minuten kräftig anbraten. Herausnehmen.

4 Möhren, Sellerie, Zwiebeln und Hälfte Knoblauch im Bratfett anbraten, bis alles leicht gebräunt ist. Tomatenmark einrühren und kurz anschwitzen. Mit Salz und Pfeffer würzen. Wein, Tomaten, Rinderfond, Nelken, Kardamom und Zimt zugeben und alles aufkochen. Mit Salz und Pfeffer würzen. Beinscheiben in die Soße legen. Alles zugedeckt im vorgeheizten Backofen (E-Herd: 180 °C/Umluft: 160 °C/Gas: s. Hersteller) ca. 2½ Stunden schmoren, bis das Fleisch zart ist.

5 FÜR DIE GREMOLATA Mandeln in einer Pfanne ohne Fett goldbraun rösten. Abkühlen lassen. Zitrone waschen und die Schale fein abreiben. Übrige Petersilie fein hacken. Damit sich die Aromen gut verbinden, Knoblauch, Petersilie und Zitronenschale zusammen auf einem Brett durchhacken. Mit Mandeln mischen und beiseitestellen.

6 FÜR DIE POLENTA 700 ml Wasser, Milch, Butter und 1 TL Salz in einem Topf aufkochen. Maisgrieß einrühren und bei schwacher Hitze unter Rühren ca. 4 Minuten köcheln. Von der Herdplatte nehmen und ca. 15 Minuten zugedeckt quellen lassen.

7 Käse reiben. 1 EL Öl und Käse in die Polenta rühren. Mit Salz abschmecken. Ossobuco samt Soße anrichten und mit Gremolata darüberstreuen. Polenta dazu reichen.

ZUBEREITUNGSZEIT ca. 3 Std.
PORTION ca. 970 kcal
E 78 g · F 40 g · KH 55 g

Florentiner Schweinebraten

ZUTATEN FÜR 6 PERSONEN
- 2–3 Zweige Rosmarin
- 6–8 Stiele Thymian
- ½ Bund glatte Petersilie
- 2 mittelgroße Zwiebeln
- 1,5 kg Schweinekotelett (Stück; mit Knochen) • Salz • Pfeffer
- 1–1,2 kg reife Tomaten
- 3–4 Knoblauchzehen
- 1 Lorbeerblatt • 1 TL Fenchelsamen
- abgeriebene Schale und Saft von ½ Bio-Zitrone • ca. 5 EL Olivenöl

1 Kräuter waschen und trocken schütteln. Zwiebeln schälen, halbieren. Fleisch waschen, abtupfen. Mit Salz und Pfeffer einreiben.

2 Fleisch und Zwiebeln auf die Fettpfanne setzen. Ca. 150 ml Wasser angießen. 1 Rosmarinzweig und 2–3 Thymianstiele zugeben. Im vorgeheizten Backofen (E-Herd: 200 °C/Umluft: 180 °C/Gas: s. Hersteller) ca. 2 Stunden braten. Nach und nach ca. 375 ml heißes Wasser angießen. Fleisch zwischendurch mit Bratenfond beschöpfen.

3 Tomaten waschen, halbieren. Knoblauch schälen, hacken. Rest Thymian abzupfen. Petersilie, Rest Rosmarin und Lorbeer hacken. Knoblauch, Kräuter, Fenchel, Zitronenschale und -saft mischen, Öl unterrühren. Mit Pfeffer würzen.

4 Nach ca. 1 ½ Stunden Kräutermischung auf das Fleisch streichen. Tomaten daneben verteilen.

5 Braten vorm Aufschneiden ca. 10 Minuten ruhen lassen. Vom Knochen lösen, in Scheiben schneiden. Mit Tomaten und Fond anrichten. Dazu passen Röstkartoffeln.

ZUBEREITUNGSZEIT ca. 2 ¼ Std.
PORTION ca. 380 kcal
45 g E · 19 g F · 5 g KH

Tomaten-Kräuter-Hähnchen

ZUTATEN FÜR 4 PERSONEN
- 2 Zwiebeln ♥ 3 Knoblauchzehen
- 1 Bund Petersilie
- 3–4 Stiele Salbei
- 250 ml trockener Weißwein
- 3 EL heller Balsamico-Essig ♥ Pfeffer
- 1 küchenfertiges Hähnchen (1,2 kg)
- 250 g Champignons
- 75 g Frühstücksspeck (Bacon)
- 1–2 EL Olivenöl ♥ Salz
- 1 Dose (850 ml) Tomaten
- 75–100 g schwarze Oliven

1 Zwiebeln und Knoblauch schälen und fein würfeln. Kräuter waschen und grob hacken. Alles mit Wein und Essig verrühren. Mit Pfeffer würzen. Hähnchen in acht Teile zerlegen, abspülen, trocken tupfen und in eine flache Schale legen, Marinade darübergießen. Zugedeckt ca. 2 Stunden kalt stellen.

2 Pilze kurz waschen und halbieren. Speck in Streifen schneiden. Fleisch aus der Marinade nehmen, Zwiebeln, Knoblauch und Kräuter abstreifen und beiseitelegen. Hähnchenteile trocken tupfen.

3 Öl in einem Bräter erhitzen. Speck darin knusprig braten, herausnehmen. Hähnchenteile im heißen Speckfett kräftig anbraten. Mit Salz würzen, herausnehmen. Pilze im Bratfett anbraten. Zwiebelmischung zufügen und kurz mitbraten. Mit 125 ml Marinade und Tomaten samt Saft ablöschen. Tomaten etwas zerkleinern. Soße mit Salz und Pfeffer würzen.

4 Hähnchenteile auf die Soße legen und im vorgeheizten Backofen (E-Herd: 200 °C/Umluft: 180 °C/Gas: s. Hersteller) zugedeckt ca. 45 Minuten schmoren. Oliven zufügen und offen ca. 15 Minuten weitergaren. Soße abschmecken. Alles anrichten und mit Speck bestreuen. Dazu schmecken Röstkartoffeln.

ZUBEREITUNGSZEIT ca. 1 ½ Std. + Wartezeit ca. 2 Std.
PORTION ca. 580 kcal
E 52 g · F 32 g · KH 9 g

Kalbsröllchen *mit Spinat und Polenta*

ZUTATEN FÜR 4 PERSONEN
- 300 g Blattspinat
- 2 Zwiebeln
- 1 Knoblauchzehe
- 3 EL Olivenöl
- Salz ♥ Pfeffer
- 400 g Kirschtomaten
- 1 Stiel Salbei
- 4 dünne Kalbsschnitzel (à ca. 150 g)
- 8 Scheiben Pancetta
- 250 ml Milch
- 2 EL Butter ♥ Muskat
- 150 g Polenta (Maisgrieß)
- 250 ml Kalbsfond (Glas)
- evtl. 1 gestrichener TL Speisestärke
- 2 EL Balsamico-Essig
- *Holzspießchen*

1 FÜR DEN SPINAT Spinat verlesen und waschen. Zwiebeln und Knoblauch schälen und fein würfeln. 1 EL Öl in einem Topf erhitzen. Knoblauch und Hälfte Zwiebeln darin andünsten. Spinat zufügen und zusammenfallen lassen. Mit Salz und Pfeffer würzen.

2 FÜR DIE RÖLLCHEN Tomaten waschen und halbieren. Salbei waschen und fein hacken. Schnitzel trocken tupfen und flacher klopfen. Mit Salz und Pfeffer würzen. Mit je 2 Scheiben Pancetta belegen. Spinat darauf verteilen. Von der langen Seite her aufrollen. Röllchen in je drei Stücke schneiden und mit Holzspießchen feststecken.

3 FÜR DIE POLENTA Milch, 250 ml Wasser, Butter, 1 TL Salz, Pfeffer und 1 Prise Muskat aufkochen. Polenta einrühren und bei schwacher Hitze zugedeckt ca. 15 Minuten ausquellen lassen, dabei ab und zu umrühren.

4 2 EL Öl in einer Pfanne erhitzen. Röllchen portionsweise darin rundherum kräftig anbraten, herausnehmen. Rest Zwiebeln, Tomaten und Salbei im Bratfett kurz andünsten. Fond angießen und aufkochen. Röllchen zugeben und zugedeckt ca. 5 Minuten schmoren. Stärke mit 1 EL Wasser glatt rühren. Stärke in die Soße rühren und 2–3 Minuten köcheln. Mit Essig, Salz und Pfeffer abschmecken. Alles anrichten.

ZUBEREITUNGSZEIT ca. 1 Std.
PORTION ca. 590 kcal
E 45 g · F 29 g · KH 33 g

ITALIEN – HAUPTGERICHTE

Dorade
zu Orangen-Fenchel-Salat

ZUTATEN FÜR 4 PERSONEN
- 4 küchenfertige Doraden
- 2 Bund glatte Petersilie
- 3 Knoblauchzehen • Salz • Pfeffer
- Öl für die Fettpfanne
- 400 g Strauchtomaten • Meersalz
- 100 ml + 75 ml Olivenöl
- 3 EL Kapern (in Salz eingelegt)
- 2 Sardellenfilets
- 1 Fenchelknolle • 2 rote Zwiebeln
- 1 Radicchio (ca. 250 g) • 2 Orangen
- 5 EL Weißweinessig • Zucker
- 5 EL Olivenöl • 3 EL schwarze Oliven

1 FÜR DIE DORADEN Fische abspülen und trocken tupfen. Von beiden Seiten mehrmals leicht einschneiden. Petersilie waschen, Knoblauch schälen, beides hacken. 2 EL Petersilie und ⅓ Knoblauch mischen und in die Einschnitte verteilen. Fische mit Salz und Pfeffer würzen und auf die geölte Fettpfanne legen. Tomaten waschen, um die Fische verteilen, mit Meersalz bestreuen. Mit 100 ml Öl beträufeln. Im vorgeheizten Backofen (E-Herd: 200 °C/Umluft: 180 °C/Gas: s. Hersteller) ca. 35 Minuten backen.

2 Kapern und Sardellen abspülen. Beides mit Rest Petersilie, ⅓ Knoblauch und 75 ml Öl pürieren. Mit Salz und Pfeffer abschmecken.

3 FÜR DEN SALAT Fenchel waschen, Zwiebeln schälen und beides fein hobeln. Radicchio waschen und in Streifen schneiden. Orangen filetieren, Trennhäute ausdrücken, Saft dabei auffangen. Essig, Orangensaft, ⅓ Knoblauch, Salz, Pfeffer und Zucker verrühren. 5 EL Öl darunterschlagen. Mit vorbereiteten Salatzutaten und Oliven mischen. Alles anrichten.

ZUBEREITUNGSZEIT ca. 1 Std.
PORTION ca. 880 kcal
E 52 g · F 65 g · KH 14 g

Linsen *mit Fenchelwurst*

ZUTATEN FÜR 4–6 PERSONEN
- 400 g braune Berglinsen
- 3 Knoblauchzehen
- 2 Stangen Staudensellerie
- 500 g reife Tomaten
- 1–2 getrocknete Peperoncini
- 4 EL Olivenöl
- 1–2 TL Gemüsebrühe (instant)
- 8 Salsicce (à ca. 75 g; italienische Fenchelbratwurst)
- 4–6 Stiele Petersilie
- evtl. 3–4 EL Balsamico-Essig
- Salz

1 Linsen in ca. 1 l Wasser aufkochen. Zugedeckt bei schwacher Hitze ca. 40 Minuten garen.

2 Knoblauch schälen und hacken. Sellerie waschen und in dünne Scheiben schneiden. Tomaten kreuzweise einritzen, mit kochendem Wasser überbrühen und kalt abschrecken. Tomaten häuten und in kleine Würfel schneiden. Peperoncini fein zerbröseln.

3 Linsen abgießen, dabei das Kochwasser auffangen. 2 EL Öl in einem Topf erhitzen. Knoblauch, Sellerie und Peperoncini darin andünsten. Tomaten zufügen und bei schwacher Hitze offen ca. 10 Minuten köcheln. Linsen, 300 ml Kochwasser und Brühe zufügen und aufkochen. Zugedeckt ca. 10 Minuten bei schwacher Hitze ziehen lassen.

4 2 EL Öl in einer Pfanne erhitzen. Würstchen darin rundherum 6–8 Minuten braten. Petersilie waschen, in Streifen schneiden. Linsen evtl. mit Essig und Salz abschmecken. Alles anrichten. Mit Petersilie bestreuen.

ZUBEREITUNGSZEIT ca. 1 ¼ Std.
PORTION ca. 630 kcal
E 37 g · F 34 g · KH 42 g

ITALIEN – HAUPTGERICHTE

Zucchini-Risotto mit Pancettachips

ZUTATEN FÜR 4 PERSONEN
- 1 Zwiebel
- 2 TL Gemüsebrühe (instant)
- 4 EL Olivenöl
- 250 g Risottoreis
- 250 ml trockener Weißwein
- 2 Knoblauchzehen
- 2 kleine Zucchini (ca. 300 g)
- 60 g Pinienkerne
- Salz • Pfeffer
- 8 dünne Scheiben Pancetta (italienischer luftgetrockneter durchwachsener Speck) oder Parmaschinken
- 3 Stiele Salbei
- 75 g Parmesan (Stück)
- *Backpapier*

1 FÜR DEN RISOTTO Zwiebel schälen und fein würfeln. Brühe in ½–¾ l kochendem Wasser auflösen. 2 EL Öl in einem weiten Topf erhitzen. Zwiebel und Reis darin unter Rühren glasig dünsten. Wein angießen und bei mittlerer Hitze verdampfen lassen. Heiße Brühe angießen, bis der Reis bedeckt ist. Sobald der Reis die gesamte Flüssigkeit aufgesogen hat, immer wieder heiße Brühe angießen. Offen bei schwacher Hitze ca. 20 Minuten köcheln, bis der Reis sämig ist, dabei öfter umrühren.

2 FÜR DIE ZUCCHINI Knoblauch schälen und hacken. Zucchini waschen, längs halbieren und in dünne Scheiben schneiden. 2 EL Öl in einer Pfanne erhitzen. Zucchini darin anbraten. Pinienkerne und Knoblauch kurz mitbraten. Mit Salz und Pfeffer würzen.

3 FÜR DIE CHIPS Pancettascheiben nebeneinander auf ein mit Backpapier ausgelegtes Backblech legen. Salbei waschen und die Blättchen abzupfen. Pancetta damit bestreuen. Im vorgeheizten Backofen (E-Herd: 200 °C/Umluft: 180 °C/Gas: s. Hersteller) ca. 10 Minuten knusprig backen.

4 Parmesan reiben. Zucchini und 50 g Parmesan unter den Risotto rühren. Mit Salz und Pfeffer abschmecken. Risotto, Pancettachips und Rest Parmesan anrichten.

ZUBEREITUNGSZEIT ca. 45 Min.
PORTION ca. 640 kcal
E 19 g · F 34 g · KH 52 g

Saltimbocca *alla romana*

ZUTATEN FÜR 4 PERSONEN
- 4 dünne Kalbs- oder Schweineschnitzel (à ca. 150 g)
- Pfeffer
- 6 Scheiben Parmaschinken
- 4 Stiele Salbei
- 2 TL Gemüsebrühe (instant)
- 200 g Polenta (Maisgrieß)
- 3–4 EL Olivenöl
- 150 ml Marsala (italienischer Dessertwein) oder Weißwein
- 40 g kalte + 40 g Butter ♥ Salz
- 50–75 g Parmesan (Stück)
- *großer Gefrierbeutel*
- *12 Holzspießchen*

1 FÜR DIE SALTIMBOCCA Schnitzel trocken tupfen und in je drei Stücke schneiden. Nacheinander in einen Gefrierbeutel legen und mit einem Plattiereisen oder Stieltopf sehr dünn klopfen. Mit Pfeffer würzen.

2 Schinken halbieren. Salbei waschen, Blättchen abzupfen. Auf jedes Schnitzel je 1 Salbeiblatt und 1 Schinkenscheibe legen. Mit Holzspießchen feststecken.

3 FÜR DIE POLENTA 1 l Wasser und Brühe aufkochen. Topf vom Herd nehmen, Polenta einrühren. Bei schwacher Hitze 15–20 Minuten quellen lassen. Ab und zu umrühren, damit sie nicht anbrennt.

4 FÜR DIE SALTIMBOCCA Öl in einer großen Pfanne erhitzen. Schnitzel portionsweise erst auf der Schinkenseite 2–3 Minuten braten, dann wenden und ca. 2 Minuten weiterbraten. Warm stellen.

5 FÜR DIE SOSSE Bratensatz mit Marsala ablöschen und aufkochen. 40 g kalte Butter in Stückchen unter Schwenken in der Soße schmelzen. Soße mit Salz und Pfeffer abschmecken. Schnitzel in die Soße legen und kurz darin ziehen lassen.

6 Parmesan reiben. Parmesan und 40 g Butter unter die Polenta rühren, bis beides geschmolzen ist. Ist die Polenta zu fest, noch etwas heißes Wasser einrühren. Mit Salz und Pfeffer abschmecken. Alles anrichten und mit Rest Salbei garnieren.

ZUBEREITUNGSZEIT ca. 1 Std.
PORTION ca. 630 kcal
E 43 g · F 34 g · KH 34 g

ITALIEN – HAUPTGERICHTE

Scaloppine al Limone

ZUTATEN FÜR 4 PERSONEN
- 2 Bio-Zitronen
- Salz • Pfeffer
- 6 EL Öl
- 4 Kalbs- oder Schweineschnitzel (à ca. 175 g)
- 50 g kalte Butter
- Zucker
- 1 Gefrierbeutel
- Alufolie

1 Zitronen heiß waschen. 1 Zitrone in Scheiben schneiden. Für das Zitronenöl von der zweiten Zitrone die Schale abreiben. Zitrone halbieren und auspressen. Saft mit etwas Salz und Pfeffer verrühren. Erst 6 EL Öl darunterschlagen, dann Zitronenschale unterrühren.

2 Schnitzel trocken tupfen und halbieren. Gefrierbeutel aufschneiden, Schnitzel dazwischenlegen und flach klopfen. Schnitzel in eine weite Form legen und das Zitronenöl darübergießen. Schnitzel zugedeckt im Kühlschrank ca. 1 Stunde marinieren, dabei zwischendurch einmal wenden.

3 Das Fleisch aus der Marinade nehmen, etwas abtropfen lassen. Marinade aufbewahren. Eine große Pfanne ohne Fett erhitzen. 4 Schnitzel darin bei starker Hitze von jeder Seite ca. 1 Minute braten. Mit etwas Salz und Pfeffer würzen. Herausnehmen, in Alufolie wickeln und im heißen Ofen (80 °C) warm stellen. Übrige Schnitzel ebenso braten. Zitronenscheiben im heißen Bratfett pro Seite ½–1 Minute braten, warm stellen.

4 Gesamte Marinade in die Pfanne gießen. Bratensatz unter Rühren lösen und aufkochen. Pfanne vom Herd nehmen, Soße kurz abkühlen lassen. Kalte Butter in kleine Würfel schneiden. Nach und nach in die Soße rühren. Mit Salz, Pfeffer und ca. 3 TL Zucker abschmecken. Alles anrichten. Dazu schmecken gebratener grüner Spargel und Ciabatta.

ZUBEREITUNGSZEIT ca. 45 Min. + Wartezeit ca. 1 Std.
PORTION ca. 540 kcal
E 42 g · F 37 g · KH 6 g

Pasta

Wie heißt es so schön: Nudeln machen glücklich. Ob mit leckeren Soßen, edel gefüllt oder goldbraun im Ofen gebacken – hier finden Sie die Beweise!

ITALIEN – PASTA

Agnolotti
Teigtaschen mit Fleischfüllung

ZUTATEN FÜR 4 PERSONEN
- 250 g Schweinefilet
- 1 kleine grobe Bratwurst (ca. 50 g; z. B. italienische Salsiccia mit Fenchel)
- 2 EL Olivenöl
- 200 ml Kalbsfond (Glas)
- 80 g Endiviensalat • Salz
- 20 g + 80 g Parmesan (Stück)
- 5 Eier (Gr. M)
- Pfeffer • Muskat
- 400 g + etwas Mehl
- 50 g Butter

1 FÜR DIE FÜLLUNG Fleisch trocken tupfen und sehr fein hacken. Wurstbrät aus der Haut drücken. Öl in einer Pfanne erhitzen. Fleisch und Brät darin ca. 2 Minuten anbraten. Fond angießen und zugedeckt ca. 30 Minuten schmoren.

2 Endiviensalat waschen und in kochendem Salzwasser ca. 30 Sekunden blanchieren. Abgießen, abschrecken und fein hacken. Mit der Fleischmasse mischen und abkühlen lassen. Dann alles mit dem Stabmixer fein pürieren. 20 g Parmesan reiben. Mit 1 Ei unter die Masse rühren. Mit Salz, Pfeffer und Muskat würzen. Zugedeckt ca. 45 Minuten kalt stellen.

3 FÜR DEN NUDELTEIG 400 g Mehl, 4 Eier, 1 Prise Salz und 4–6 EL lauwarmes Wasser erst mit den Knethaken des Rührgeräts, dann mit den Händen gut verkneten. Teig zugedeckt bei Raumtemperatur ca. 30 Minuten ruhen lassen.

4 Teig in sechs Portionen teilen und jeweils ca. 1 mm dick ausrollen. Nudelplatten mit Mehl bestäubt ca. 5 Minuten ruhen lassen. In ca. 3 cm breite Streifen schneiden. Auf jeweils eine Hälfte der Teigstreifen im Abstand von ca. 3 cm je 1 TL Füllung setzen. Teigränder mit Wasser bestreichen. Freie Teighälfte darüberschlagen. Zwischenräume und Ränder andrücken, dann mit einem Teigrädchen oder Messer auseinanderschneiden. Nudeln mit Mehl bestäubt am kühlen Ort ca. 3 Stunden trocknen lassen.

5 Nudeln in ca. 3 l kochendem Salzwasser ca. 6 Minuten garen. Abtropfen lassen. Butter erhitzen, mit Salz würzen. Nudeln darin schwenken. Anrichten und 80 g Parmesan darüberhobeln.

ZUBEREITUNGSZEIT ca. 2 Std. + Wartezeit ca. 4 Std.
PORTION ca. 810 kcal
E 45 g · F 36 g · KH 72 g

Kräftig kneten
Den Teig mit den Händen ca. 10 Minuten auf leicht bemehlter Arbeitsfläche kräftig durchkneten, bis er schön elastisch und geschmeidig ist.

Dünn ausrollen
Teig portionsweise mit einem Nudelholz auf bemehlter Arbeitsfläche oder mit der Nudelmaschine ausrollen. Teigplatten längs in ca. 5 cm breite Streifen schneiden.

Teig füllen
Auf je eine Teighälfte im Abstand von ca. 2,5 cm je 1 TL Füllung geben. Teig darum mit Wasser bestreichen. Freie Hälfte darüberschlagen, Teig leicht andrücken.

Ruhen lassen
Die gefüllten Nudelstreifen zwischen den Füllungen mit einem Teigrädchen in Agnolotti schneiden. Auf ein Brett legen, mit Mehl bestäuben und ca. 3 Stunden trocknen lassen.

Cannelloni bolognese *im Spinatbett*

ZUTATEN FÜR 4 PERSONEN
- 2 Zwiebeln
- 1 Knoblauchzehe
- 1 Möhre
- 10 Stiele Thymian
- 2 EL Olivenöl
- 300 g gemischtes Hack
- Salz ♥ Pfeffer
- 2 EL Tomatenmark
- 1 Dose (425 ml) Tomaten
- 100 ml Rotwein
- 2 EL Butter ♥ 2 EL Mehl
- 250 ml Milch
- 1 TL Gemüsebrühe (instant)
- 600 g junger Blattspinat ♥ Muskat
- 50 g Parmesan (Stück)
- 125 g Mozzarella ♥ 1 Tomate
- Fett für die Form ♥ Zucker
- 18–20 Cannelloni

1 Zwiebeln und Knoblauch schälen, Möhre schälen und waschen. Alles fein würfeln. Thymian waschen und Blättchen abzupfen.

2 FÜR DIE HACKSOSSE 1 EL Öl in einer großen Pfanne erhitzen. Hack darin ca. 10 Minuten krümelig anbraten. Mit Salz und Pfeffer würzen. Möhre, Knoblauch und Hälfte Zwiebelwürfel ca. 3 Minuten mitbraten. Tomatenmark kurz mit anschwitzen. Tomaten samt Saft zugeben und zerkleinern. Wein und Thymian einrühren. Aufkochen, offen ca. 20 Minuten köcheln.

3 FÜR DIE BÉCHAMELSOSSE Butter in einem Topf erhitzen. Mehl darin hell anschwitzen. 250 ml Wasser und Milch nach und nach unter Rühren zugießen. Brühe einrühren, aufkochen und ca. 5 Minuten köcheln. Mit Salz und Pfeffer abschmecken.

4 Spinat verlesen, waschen und trocken schütteln. 1 EL Öl in einem Topf erhitzen Übrige Zwiebeln darin glasig dünsten. Spinat zufügen und zugedeckt zusammenfallen lassen. Mit Salz, Pfeffer und Muskat würzen.

5 Parmesan fein reiben. Mozzarella würfeln. Tomate waschen und in Scheiben schneiden. 2 EL Béchamelsoße auf dem Boden einer gefetteten Auflaufform verteilen. Spinat ausdrücken und darauf verteilen.

6 Hacksoße mit Salz, Pfeffer und 1 Prise Zucker abschmecken. Cannelloni damit füllen. Auf den Spinat legen. Mit übriger Béchamelsoße bedecken. Tomatenscheiben darauf verteilen. Mit Käse bestreuen. Im vorgeheizten Backofen (E-Herd: 200 °C/Umluft: 180 °C/Gas: s. Hersteller) ca. 40 Minuten backen.

ZUBEREITUNGSZEIT ca. 1½ Std.
PORTION ca. 770 kcal
E 42 g · F 39 g · KH 53 g

ITALIEN – PASTA

Nudeln mit zartem Rindsragout

ZUTATEN FÜR 8–10 PERSONEN
- 4 Zwiebeln ♥ 2 Knoblauchzehen ♥ 3 Möhren
- 1,5 kg Rindfleisch (aus der Keule) ♥ 4 EL Olivenöl
- Salz ♥ Pfeffer ♥ 3 EL Tomatenmark
- 500 ml trockener Rotwein ♥ 1 Dose (850 ml) Tomaten
- 1 l Tomatensaft ♥ 2 Lorbeerblätter
- 1 kg kurze Nudeln (z. B. Castellane)

1 Zwiebeln und Knoblauch schälen, fein würfeln. Möhren schälen, waschen und würfeln. Fleisch trocken tupfen und in kleine Würfel schneiden.

2 Öl in einem Bräter erhitzen. Fleisch darin portionsweise kräftig anbraten. Zwiebeln, Knoblauch und Möhren mit der letzten Portion kurz mitbraten. Gesamtes Fleisch wieder zugeben, mit Salz und Pfeffer würzen. Tomatenmark einrühren, kurz anschwitzen. Mit Rotwein, Tomaten samt Saft und Tomatensaft ablöschen. Tomaten etwas zerkleinern. Lorbeer zufügen und aufkochen. Zugedeckt bei mittlerer Hitze ca. 3 Stunden schmoren.

3 Ragout ca. 15 Minuten vor Ende der Garzeit ohne Deckel bei starker Hitze unter häufigem Rühren sämig einkochen. Das Fleisch sollte weich sein und zerfallen. Mit Salz und Pfeffer abschmecken.

4 Inzwischen reichlich Salzwasser aufkochen. Nudeln darin nach Packungsanweisung garen. Nudeln abgießen und mit dem Ragout anrichten.

ZUBEREITUNGSZEIT ca. 4 Std.
PORTION ca. 800 kcal
E 62 g · F 20 g · KH 80 g

Spaghetti mit Auberginen-Hack-Soße

ZUTATEN FÜR 4 PERSONEN
- 1 Aubergine (ca. 250 g) ♥ Salz
- 1 Zwiebel ♥ 2–3 Knoblauchzehen
- 600 g Tomaten ♥ 2 EL Olivenöl
- 400 g gemischtes Hack ♥ Pfeffer ♥ 1 EL Tomatenmark
- 500 g stückige Tomaten (Packung) ♥ Zucker
- 400 g Nudeln (z. B. Spaghetti)
- 100 g Pecorino (Stück) ♥ 6–7 Stiele Basilikum

1 Aubergine waschen und in Würfel schneiden. Mit Salz bestreuen und ca. 20 Minuten ziehen lassen. Zwiebel und Knoblauch schälen und fein würfeln. Tomaten waschen und würfeln.

2 Öl in einer großen Pfanne erhitzen. Hack darin unter Rühren 5–8 Minuten krümelig braten. Auberginenwürfel trocken tupfen. Zum Hack geben und ca. 5 Minuten mitbraten. Zwiebel und Knoblauch kurz mitbraten. Mit Salz und Pfeffer würzen. Tomatenmark einrühren und kurz anschwitzen. Tomatenwürfel und stückige Tomaten zufügen, aufkochen und zugedeckt ca. 15 Minuten köcheln. Mit Salz, Pfeffer und 1 Prise Zucker würzen.

3 Inzwischen Nudeln in kochendem Salzwasser nach Packungsanweisung bissfest garen. Käse fein reiben. Basilikum waschen und in Streifen schneiden.

4 Nudeln abgießen. Zurück in den Topf geben und Soße zugeben. Alles mischen, kurz erhitzen. Mit Salz und Pfeffer abschmecken. Basilikum unterheben. Anrichten und mit Pecorino bestreuen.

ZUBEREITUNGSZEIT ca. 40 Min.
PORTION ca. 840 kcal
E 45 g · F 35 g · KH 80 g

Spaghetti alla carbonara

ZUTATEN FÜR 4 PERSONEN
- 75 g geräucherter Schinken in Scheiben (z. B. Südtiroler Speck, ersatzweise Schwarzwälder Schinken)
- 1 EL Öl
- 400 g Spaghetti ♥ Salz
- 40 g Parmesan (Stück)
- 3 frische Eier
- 100 g Schlagsahne ♥ Pfeffer

1 Schinken in feine Streifen schneiden. Öl in einer Pfanne erhitzen, Schinken darin ca. 5 Minuten knusprig braten. Nudeln im kochenden Salzwasser nach Packungsanweisung garen.

2 Inzwischen Parmesan reiben. Eier und Sahne in einer großen Schüssel verquirlen. Mit Salz und Pfeffer würzen. Spaghetti abgießen, dabei ca. 5 EL Nudelwasser auffangen. Heiße Spaghetti mit Nudelwasser und Schinken sofort unter die Eimasse heben. Mit Salz und Pfeffer abschmecken. Mit Parmesan und Pfeffer bestreut servieren.

ZUBEREITUNGSZEIT ca. 20 Min.
PORTION ca. 710 kcal
E 24 g · F 32 g · KH 76 g

Pasta mit Thymian-Pfifferlingen und Speck

ZUTATEN FÜR 4 PERSONEN
- 400 g grüne Bohnen ♥ Salz
- 300 g Pfifferlinge ♥ 2 Zwiebeln
- 400 g Nudeln (z. B. Penne)
- 100 g Frühstücksspeck (Bacon)
- 5 EL Olivenöl ♥ Pfeffer
- 1 TL getrockneter Thymian
- 5 EL Balsamico-Essig

1 Bohnen waschen und in Stücke teilen. In kochendem Salzwasser ca. 18 Minuten garen. Pfifferlinge kurz waschen und gut trocken tupfen. Zwiebeln schälen und fein würfeln.

2 Nudeln in reichlich kochendem Salzwasser nach Packungsanweisung bissfest garen. Speck in einer Pfanne ohne Fett knusprig braten. Herausnehmen und auf Küchenpapier abtropfen lassen.

3 Öl im Speckfett erhitzen. Pfifferlinge darin kräftig anbraten. Zwiebeln kurz mitbraten. Mit Salz, Pfeffer und Thymian würzen. Essig zugießen und aufkochen.

4 150 ml vom Nudelwasser abnehmen. Pfifferlinge damit ablöschen und aufkochen. Nudeln abgießen, abtropfen lassen und wieder in den Topf geben. Bohnen abtropfen lassen. Pfifferlinge samt Soße und Bohnen mit den Nudeln mischen. Mit Salz und Pfeffer abschmecken. Alles anrichten. Speck zerbröckeln und darüberstreuen.

ZUBEREITUNGSZEIT ca. 45 Min.
PORTION ca. 610 kcal
E 19 g · F 22 g · KH 81 g

ITALIEN – PASTA

Spaghetti vongole

ZUTATEN FÜR 2 PERSONEN
- 750 g Venusmuscheln (mit Schale; beim Fischhändler vorbestellen)
- 2 Knoblauchzehen
- 1 rote Peperoni
- 4 reife Tomaten
- 4–6 EL Olivenöl
- Meersalz • Pfeffer
- 400 g Spaghetti
- 6 Stiele Petersilie

1 Muscheln unter fließendem Wasser gründlich abbürsten und gut abtropfen lassen. Offene Muscheln wegwerfen. Knoblauch schälen und hacken. Peperoni waschen. Tomaten waschen und achteln.

2 Öl in einer großen Pfanne mit Deckel erhitzen. Knoblauch und Peperoni darin kurz anschwitzen. Mit Salz und Pfeffer würzen. Muscheln zugeben, erhitzen und zugedeckt 4–6 Minuten garen, dabei die Pfanne ab und zu schwenken. Geschlossene Muscheln wegwerfen. Tomaten unterheben und kurz erhitzen. Mit Salz und Pfeffer abschmecken.

3 Inzwischen Spaghetti in kochendem Salzwasser nach Packungsanweisung bissfest garen. Petersilie waschen und fein hacken. Nudeln abgießen und wieder in den Topf geben. Muscheln und Petersilie unterheben. Alles anrichten.

ZUBEREITUNGSZEIT ca. 35 Min.
PORTION ca. 950 kcal
E 44 g · F 20 g · KH 142 g

Pasta mit Brokkoli und Rucola

ZUTATEN FÜR 4 PERSONEN
- 400 g Nudeln (z. B. Orecchiette) • Salz
- 2–3 Knoblauchzehen
- 1 rote Chilischote
- 750 g Brokkoli • 150 g Rucola
- 7–8 EL Olivenöl • Pfeffer • 50 g Parmesan (Stück)

1 Nudeln in kochendem Salzwasser nach Packungsanweisung bissfest garen. Knoblauch schälen und fein hacken. Chili entkernen, waschen und in feine Ringe schneiden. Brokkoli waschen und in Röschen vom Strunk schneiden. Rucola waschen.

2 Öl in einer großen Pfanne erhitzen. Brokkoli darin 5–6 Minuten braten. Knoblauch und Chili zufügen, weitere 1–2 Minuten braten. Rucola zufügen und kurz zusammenfallen lassen. Mit Salz und Pfeffer würzen.

3 Parmesan reiben. Nudeln abgießen und wieder in den Topf geben. Brokkoli und Rucola untermischen. Alles anrichten. Mit Parmesan bestreuen.

ZUBEREITUNGSZEIT ca. 25 Min.
PORTION ca. 550 kcal
E 17 g · F 19 g · KH 76 g

Lasagne al forno

ZUTATEN FÜR 4–6 PERSONEN
- 200 g Möhren
- 1 Zwiebel ♥ 1 Knoblauchzehe
- 4 Stiele Basilikum
- 2 EL Olivenöl
- 500 g gemischtes Hack
- 1–2 EL Tomatenmark
- Salz ♥ Pfeffer ♥ 1 TL Mehl
- 1 Dose (850 ml) Tomaten
- 300 g Crème fraîche
- 3–4 EL Milch ♥ Muskat
- 150 g junger Blattspinat
- Fett für die Form
- 9 Lasagneplatten
- 50 g Parmesan (Stück)
- 75 g Gouda (Stück)

1 Möhren schälen, waschen und in kleine Würfel schneiden. Zwiebel und Knoblauch schälen, würfeln. Basilikum waschen, grob hacken.

2 FÜR DIE HACKSOSSE Öl erhitzen. Hack darin krümelig anbraten. Möhren, Zwiebel und Knoblauch kurz mitbraten. Tomatenmark einrühren, 4–5 Minuten mitdünsten. Mit Salz und Pfeffer würzen. Mit Mehl bestäuben und kurz anschwitzen. Tomaten samt Saft und 150 ml Wasser zugießen. Tomaten zerkleinern. Aufkochen und ca. 10 Minuten köcheln. Mit Salz und Pfeffer abschmecken. Basilikum unterrühren.

3 Crème fraîche und Milch glatt rühren. Mit Salz, Pfeffer und Muskat würzen. Spinat verlesen, waschen und gut abtropfen lassen. Eine Auflaufform (ca. 15 x 27 cm) fetten. Etwas Crème fraîche dünn auf den Formboden streichen. 3 Lasagneplatten darauflegen. Ca. Hälfte der Hacksoße, ⅓ Crème fraîche und Hälfte Spinat daraufschichten. Vorgang mit Lasagneplatten, Hacksoße, Crème fraîche und Spinat wiederholen. 3 Lasagneplatten darauflegen. Rest Crème fraîche daraufstreichen.

4 Parmesan und Gouda reiben. Käse auf der Lasagne verteilen. Im vorgeheizten Backofen (E-Herd: 200 °C/Umluft: 180 °C/Gas: s. Hersteller) 50–60 Minuten backen.

ZUBEREITUNGSZEIT ca. 1½ Std.
PORTION ca. 620 kcal
E 31 g · F 42 g · KH 27 g

ITALIEN – PASTA

Apulische Cavatelli
mit Garnelen

ZUTATEN FÜR 4 PERSONEN
- 400 g Cavatelli (kleine Muschelnudeln; ersatzweise Orecchiette) ♥ Salz ♥ 2 Knoblauchzehen
- 1 Zucchini (ca. 250 g) ♥ 2 große Tomaten
- 20 rohe Garnelen (ca. 400 g; ohne Kopf und Schale)
- 2 EL Olivenöl ♥ Pfeffer ♥ 200 g Schlagsahne ♥ Zucker

1 Nudeln in reichlich kochendem Salzwasser nach Packungsanweisung bissfest garen.

2 Knoblauch schälen, fein hacken. Zucchini waschen und zunächst in ca. 5 cm breite Stücke, dann in dünne Stifte schneiden. Tomaten waschen, entkernen und fein würfeln. Garnelen abspülen und trocken tupfen.

3 Öl in einer großen Pfanne erhitzen. Garnelen darin unter Wenden ca. 2 Minuten braten. Zucchini und Knoblauch kurz mitbraten. Mit Salz und Pfeffer würzen. Tomaten zufügen. Alles mit Sahne ablöschen, aufkochen und ca. 5 Minuten köcheln. Mit Salz, Pfeffer und 1 Prise Zucker abschmecken. Nudeln abgießen, sofort mit der Soße mischen und servieren.

ZUBEREITUNGSZEIT ca. 25 Min.
PORTION ca. 690 kcal
E 33 g · F 24 g · KH 80 g

Gnocchetti sardi
mit Thunfisch

ZUTATEN FÜR 4 PERSONEN
- 50 g Weißbrot (vom Vortag) ♥ 1 getrocknete Peperoncino
- 8 EL Olivenöl ♥ ½ Bund Basilikum ♥ je 4 Stiele Oregano und Thymian ♥ 1–2 Zweige Rosmarin ♥ 5 Sardellenfilets (Glas)
- 2 Knoblauchzehen ♥ 800 g Tomaten ♥ Salz ♥ Pfeffer ♥ Zucker
- 1 TL Gemüsebrühe (instant) ♥ 1 Lorbeerblatt
- 2 EL Zitronensaft ♥ 2 Thunfischfilets (à ca. 200 g)
- 400 g kleine Nudeln (z. B. Gnocchetti sardi)
- 3 EL geriebener Pecorino

1 Brot und Peperoncino fein zerbröseln. In 2 EL Öl rösten. Kräuter waschen. Basilikum, Oregano und 4 EL Öl pürieren. Rosmarin, Thymian und Sardellen hacken. Knoblauch schälen, fein würfeln. Tomaten waschen und grob raspeln, dabei Haut entfernen.

2 Knoblauch, Rosmarin und Thymian in 2 EL heißem Öl andünsten. Tomaten und Sardellen zufügen. Mit Salz, Pfeffer und 1 Prise Zucker würzen. Offen ca. 10 Minuten köcheln. Ca. 300 ml Wasser, Brühe, Lorbeer und Zitronensaft aufkochen. Thunfisch abspülen und darin ca. 5 Minuten gar ziehen lassen. Nudeln in Salzwasser ca. 10 Minuten bissfest garen.

3 Fisch aus dem Sud heben, würfeln und in die Soße geben. Abschmecken. Käse mit Bröseln mischen. Nudeln abgießen, mit Soße mischen und anrichten. Mit Kräuteröl beträufeln. Bröselmischung darüberstreuen.

ZUBEREITUNGSZEIT ca. 40 Min.
PORTION ca. 910 kcal
E 42 g · F 41 g · KH 86 g

Antipasti

Diese leckeren Vorspeisen fehlen in keinem italienischen Restaurant. Mit diesen Rezepten können Sie die kleinen Snacks ganz einfach selbst machen

Weiße Bohnen mit Salsicce

FÜR 4 PERSONEN
- 350 g getrocknete Cannellini-Bohnen (italienische weiße Bohnenkerne)
- 2 Knoblauchzehen
- 1 kleines Bund Salbei
- Salz ♥ Pfeffer
- 4 Salsicce (à ca. 80 g; italienische Fenchelbratwurst)
- 2 EL Olivenöl
- 1 Dose (850 ml) Tomaten
- Zucker

1 AM VORTAG Bohnen über Nacht in 2 l kaltem Wasser einweichen.

2 AM NÄCHSTEN TAG Knoblauch schälen und hacken. Salbei waschen und Blättchen abzupfen. Bohnen mit Salbeistielen und Hälfte Knoblauch in reichlich Wasser aufkochen. Zugedeckt 1–1 ½ Stunden weich köcheln. Entstehenden Schaum mit einer Schaumkelle abschöpfen. Bohnen ca. 15 Minuten vor Garzeitende mit Salz und Pfeffer würzen.

3 Würste mehrmals einstechen. Öl in einem Schmortopf erhitzen. Würste darin rundherum ca. 5 Minuten braten. Salbeiblätter und übrigen Knoblauch kurz mitbraten. Tomaten samt Saft zugeben, etwas zerkleinern und aufkochen. Zugedeckt ca. 10 Minuten köcheln.

4 Bohnen abgießen und zu den Tomaten geben. Alles ca. 10 Minuten weiterköcheln. Mit Salz, Pfeffer und 1 Prise Zucker abschmecken. Dazu schmeckt Ciabatta.

ZUBEREITUNGSZEIT ca. 2 Std. + Wartezeit ca. 12 Std.
PORTION ca. 550 kcal
E 35 g · F 26 g · KH 41 g

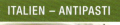
ITALIEN – ANTIPASTI

Carpaccio
mit Rucola-Sellerie-Salat

ZUTATEN FÜR 4 PERSONEN
- 500 g Rinderfilet (aus der Mitte)
- 2 Stangen Staudensellerie mit Grün ♥ ½ Bund Rucola
- Meersalz ♥ Pfeffer
- Saft von 1 Zitrone ♥ 4 EL Olivenöl
- 50 g Parmesan (Stück) ♥ *1 großer Gefrierbeutel*

1 Das Filet trocken tupfen, in den Gefrierbeutel legen und 20–30 Minuten anfrieren (so lässt es sich einfacher in dünne Scheiben schneiden).

2 Staudensellerie waschen, etwas Grün beiseitelegen. Stangen sehr fein würfeln. Rucola waschen und fein schneiden. Mit dem Sellerie mischen.

3 Filet in hauchdünne Scheiben schneiden. Falls sie nicht dünn genug sind, Scheiben zwischen den aufgeschnittenen Gefrierbeutel legen und mit einer Pfanne oder einem Plattiereisen hauchdünn klopfen.

4 Carpaccio flach auf vier Teller legen. Salat in die Mitte geben. Alles mit Salz und Pfeffer würzen. Zitronensaft und Öl darüberträufeln. Einige Minuten ziehen lassen.

5 Vom Parmesan mit einem Sparschäler feine Späne abziehen und auf das Carpaccio streuen. Mit Selleriegrün garnieren.

ZUBEREITUNGSZEIT ca. 30 Min. + Wartezeit
PORTION ca. 280 kcal
E 30 g · F 16 g · KH 2 g

Gemüsesuppe **Minestrone**

ZUTATEN FÜR 4 PERSONEN
- 2 Zwiebeln ♥ 1 Knoblauchzehe ♥ 2 Möhren
- 1 Zucchini ♥ 1 Dose (425 ml) weiße Bohnenkerne
- 2 große Tomaten ♥ 2 EL Olivenöl ♥ 1 EL Tomatenmark
- 2 TL Gemüsebrühe (instant)
- 150 g kleine Nudeln (z. B. Mini-Penne-rigate)
- ½ Bund Petersilie ♥ 6 Stiele Thymian
- Salz ♥ Pfeffer

1 Zwiebeln und Knoblauch schälen und fein würfeln. Möhren schälen, waschen und in Scheiben schneiden. Zucchini waschen und in Stücke schneiden. Bohnen abgießen und abtropfen lassen. Tomaten waschen und würfeln.

2 Öl in einem großen Topf erhitzen. Zwiebeln, Knoblauch, Möhren und Zucchini darin 2–3 Minuten braten. Tomatenmark zufügen, anschwitzen. Tomaten zufügen. Ca. 1 l Wasser angießen, Brühe einrühren und aufkochen. Nudeln zufügen und alles bei mittlerer Hitze ca. 10 Minuten köcheln.

3 Kräuter waschen und hacken. Mit Bohnen und Kräutern in die Suppe geben und erhitzen. Suppe mit Salz und Pfeffer abschmecken. Suppe anrichten.

ZUBEREITUNGSZEIT ca. 25 Min.
PORTION ca. 260 kcal
E 9 g · F 6 g · KH 40 g

Melone-Mozzarella
mit Schinken

ZUTATEN FÜR 6–8 PERSONEN
- 1 Zuckermelone (ca. 1 kg; z. B. Cantaloupe oder Charentais)
- 500 g Mozzarella
- 250 g luftgetrockneter Schinken in dünnen Scheiben (z. B. San-Daniele-Schinken)
- Pfeffer
- 1 Bund Basilikum
- 1 EL grobes Salz
- 8 EL Olivenöl

1 Melone vierteln und entkernen. Fruchtfleisch von der Schale und in Scheiben schneiden. Mozzarella ebenfalls in Scheiben schneiden. Melone, Mozzarella und Schinken auf einer großen Platte verteilen. Mit Pfeffer würzen.

2 Basilikum waschen, Blättchen abzupfen. Mit Salz und Öl in einem Mörser grob zerdrücken (oder alles mit dem Stabmixer kurz anpürieren). Basilikumpaste über Melone und Mozzarella träufeln.

ZUBEREITUNGSZEIT ca. 20 Min.
PORTION ca. 360 kcal
E 17 g · F 25 g · KH 13 g

Tomate-Burrata
mit Basilikum und Olivenöl

ZUTATEN FÜR 4 PERSONEN
- 4 rote Strauchtomaten (ca. 400 g)
- 2 krause grüne Tomaten (à ca. 75 g)
- 150 g Mozzarella
- 100 g Burrata-Käse
- 3–4 Stiele Basilikum
- 4 EL Olivenöl
- Salz ♥ grober Pfeffer

1 Tomaten waschen und in grobe Stücke schneiden. Mozzarella und Burrata mit den Händen zerzupfen. Basilikum waschen und in breite Streifen schneiden.

2 Vorbereitete Zutaten mit Olivenöl in einer Schüssel mischen. Mit Salz und Pfeffer abschmecken.

ZUBEREITUNGSZEIT ca. 15 Min.
PORTION ca. 360 kcal
E 16 g · F 28 g · KH 7 g

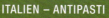

Vitello tonnato
Kalbfleisch in Thunfischsoße

ZUTATEN FÜR 12 PERSONEN
- 3 Dosen (à 195 g) Thunfisch in Öl
- ca. 150 ml Kalbsfond (Glas)
- ca. 300 g Salatmayonnaise
- Salz • Pfeffer
- 2–3 EL Zitronensaft
- 5 Stiele glatte Petersilie
- 1 Glas (106 ml) Kapern
- 1 kg Kalbsbraten oder Hähnchenbrustaufschnitt in dünnen Scheiben (beim Fleischer vorbestellen)
- ca. 24 eingelegte Kapernäpfel

1 Thunfisch etwas abgießen, aber das Öl nicht vollständig abtropfen lassen. Erst Thunfisch und Fond pürieren, dann Mayonnaise unterrühren. Mit Salz, Pfeffer und Zitronensaft abschmecken.

2 Petersilie waschen und in feine Streifen schneiden. Kapern abtropfen lassen. Aufschnittscheiben je nach Größe evtl. halbieren und locker auf einer großen Platte anrichten. Thunfischsoße darüber verteilen. Mit Pfeffer, Kapern und Petersilie bestreuen. Mit Kapernäpfeln garnieren.

ZUBEREITUNGSZEIT ca. 20 Min.
PORTION ca. 320 kcal
E 34 g · F 19 g · KH 3 g

Crostini mit Tomaten

ZUTATEN FÜR 12 STÜCK
- 3 Knoblauchzehen
- 1 kleiner Zweig Rosmarin
- 75 ml Olivenöl
- 500 g Tomaten
- Salz • Pfeffer
- 2 Stiele Basilikum
- 12 Scheiben (à ca. 1 cm dick) Baguettebrot

1 Knoblauch schälen und fein hacken. Rosmarin waschen und Nadeln abstreifen. Öl mit Knoblauch, bis auf 1 TL, und Rosmarin verrühren.

2 Tomaten waschen, vierteln und entkernen. Tomatenviertel in Würfel schneiden, mit Salz und Pfeffer würzen. Basilikum waschen und in feine Streifen schneiden.

3 Brotscheiben mit Knoblauchöl bestreichen und unter dem vorgeheizten Backofengrill knusprig rösten. Tomatenwürfel auf die Brotscheiben verteilen und nochmals für 1–2 Minuten unter den Backofengrill geben. Crostini mit Basilikum und restlichem Knoblauch garnieren.

ZUBEREITUNGSZEIT ca. 20 Min.
STÜCK ca. 110 kcal
E 2 g · F 7 g · KH 12 g

Tintenfisch auf Gemüseragout

ZUTATEN FÜR 6–8 PERSONEN
- 2 Paprikaschoten (z. B. rot und grün)
- 1 mittelgroße Fenchelknolle
- 2 Zucchini
- 1 große Zwiebel
- 750 g Tomaten
- 7 EL Olivenöl
- Salz ♥ Pfeffer ♥ Zucker
- 2–3 Knoblauchzehen
- 500 g küchenfertige Tintenfischtuben
- abgeriebene Schale und Saft von 1 Bio-Zitrone
- 1 Bund Petersilie
- 3 EL Kapern

1 Paprika, Fenchel und Zucchini waschen. Zwiebel schälen. Alles sehr fein würfeln. Tomaten waschen und grob raspeln. Übrig gebliebene Haut wegwerfen.

2 Gemüsewürfel in 4 EL heißem Öl ca. 5 Minuten andünsten. Mit Salz, Pfeffer und 1 Prise Zucker würzen. Tomaten zufügen und alles ca. 5 Minuten offen köcheln. Gemüse nochmals abschmecken und abkühlen lassen.

3 Knoblauch schälen und hacken. Tintenfischtuben waschen, trocken tupfen und in breite Ringe schneiden. In 3 EL heißem Öl bei starker Hitze ca. 2 Minuten braten. Mit Knoblauch, Zitronenschale und -saft mischen. Mit Salz und Pfeffer kräftig abschmecken.

4 Petersilie waschen und fein hacken. Mit Kapern unter das Gemüseragout mischen. Mit Tintenfisch anrichten.

ZUBEREITUNGSZEIT ca. 40 Min. + Wartezeit ca. 45 Min.
PORTION ca. 180 kcal
E 13 g · F 10 g · KH 7 g

ITALIEN – ANTIPASTI

Gewürzte Oliven

ZUTATEN FÜR 6–8 PERSONEN
- 1 Bio-Orange
- je 4 Stiele Thymian und Oregano
- 400 g grüne Oliven (entsteint)
- 4–6 EL Olivenöl
- 3–4 Knoblauchzehen
- 1–2 rote Chilischoten
- 400 g schwarze Oliven (entsteint)

1 FÜR DIE GRÜNEN OLIVEN Orange waschen. Schale fein abreiben. Kräuter waschen und die Blättchen abzupfen. Alles mit den grünen Oliven und 2–3 EL Öl mischen. Mindestens 30 Minuten ziehen lassen.

2 FÜR DIE SCHWARZEN OLIVEN Knoblauch schälen, fein hacken. Chili putzen, entkernen, waschen, fein schneiden. Alles mit schwarzen Oliven und 2–3 EL Öl mischen. Mindestens 30 Minuten ziehen lassen.

ZUBEREITUNGSZEIT ca. 15 Min. +
Wartezeit mind. 30 Min.
PORTION ca. 190 kcal
E 1 g · F 19 g · KH 2 g

Schnitzelröllchen
mit Leber und Salbei

ZUTATEN FÜR 4 PERSONEN
- ¼ frisches Ciabatta ♥ 100 g Schweineleber
- 75 g fetter Speck ♥ 1 Knoblauchzehe
- ½ Bund Salbei ♥ 1 Eigelb ♥ Salz ♥ Pfeffer
- 8 dünne Schweineschnitzel (à ca. 90 g)
- 4 EL Olivenöl ♥ *16 Holzspieße*

1 1 dicke Scheibe Ciabatta (ca. 25 g) in kaltem Wasser einweichen. Leber und Speck sehr fein hacken. Knoblauch schälen. Salbei waschen, Blättchen abzupfen und einige zum Garnieren beiseitelegen. Knoblauch und ca. 4 Salbeiblätter fein hacken. Brot gut ausdrücken. Mit Leber, Speck, Knoblauch, gehacktem Salbei und Eigelb gut mischen. Kräftig würzen.

2 Schnitzel trocken tupfen, flacher klopfen und jeweils vierteln. Mit Salz und Pfeffer würzen, mit Lebermasse bestreichen und aufrollen. 8 dünne Scheiben Brot abschneiden und halbieren.

3 Je 2 Fleischröllchen, 1 Brotscheibe und übrige Salbeiblättchen im Wechsel auf Holzspieße stecken und auf ein Backblech legen. Öl darüberträufeln und ca. 100 ml Wasser angießen. Im vorgeheizten Backofen (E-Herd: 200 °C/Umluft: 180 °C/Gas: s. Hersteller) ca. 20 Minuten braten. Mit Rest Salbei garnieren. Rest Ciabatta dazu reichen. Dazu schmeckt Tomatensalat.

ZUBEREITUNGSZEIT ca. 1 Std.
PORTION ca. 560 kcal
E 48 g · F 33 g · KH 14 g

Pizza

Mit diesen Rezepten können Sie den Lieferdienst getrost vergessen. Verwöhnen Sie sich und Ihre Lieben mit diesen Köstlichkeiten aus Bella Italia

Pizza Calzone

ZUTATEN FÜR 4 PERSONEN
- 500 g Mehl
- 1 Päckchen (7 g) Trockenhefe
- Zucker ♥ Salz
- 1 Zwiebel ♥ 2 Knoblauchzehen
- 3 EL Olivenöl
- 1 Dose (425 ml) Tomaten
- 1 TL getrocknetes Basilikum ♥ Pfeffer
- 400 g Champignons
- Mehl für die Arbeitsfläche
- 150 g Parmaschinken
- 100 g Pizzakäse
- *Backpapier*

1 FÜR DEN TEIG Mehl, Hefe, je ½ TL Zucker und Salz in einer Rührschüssel mischen. 250 ml lauwarmes Wasser zugießen und alles mit den Knethaken des Rührgeräts glatt verkneten. Teig zugedeckt an einem warmen Ort ca. 1 Stunde gehen lassen.

2 FÜR DIE SOSSE Zwiebel und Knoblauch schälen und würfeln. 1 EL Öl erhitzen. Zwiebel und Knoblauch darin andünsten. Tomaten samt Saft zufügen und zerkleinern. Mit Basilikum, Salz, Pfeffer und 1 Prise Zucker würzen. Offen ca. 10 Minuten köcheln.

3 Pilze kurz waschen und vierteln. 2 EL Öl in einer Pfanne erhitzen. Pilze darin anbraten. Mit Salz und Pfeffer würzen.

4 Teig durchkneten und in vier Portionen auf etwas Mehl rund (ca. 20 cm Ø) ausrollen. Jeweils mit ¼ Soße bestreichen, dabei ca. 2 cm Rand frei lassen. Mit Schinken belegen, Pilze darauf verteilen. Teigränder mit Wasser bestreichen und jeweils zur Hälfte überklappen. Ränder andrücken. Auf einem mit Backpapier ausgelegten Backblech mit Käse bestreuen. Im vorgeheizten Backofen (E-Herd: 200 °C/ Umluft: 180 °C/Gas: s. Hersteller) ca. 25 Minuten backen.

ZUBEREITUNGSZEIT ca. 1 Std. + Wartezeit ca. 1 Std.
PORTION ca. 700 kcal
E 28 g · F 20 g · KH 96 g

ITALIEN – PIZZA

Pizza con Pollo

ZUTATEN FÜR 4 PERSONEN
- ½ Würfel (21 g) frische Hefe
- 300 g Mehl
- 5 EL Olivenöl
- Salz
- 1 Schalotte
- 250 g stückige Tomaten (Packung)
- Pfeffer
- Zucker
- 100 g Zuckerschoten
- 250 g Hähnchenfilet
- 1 TL + etwas Pesto (Glas)
- Mehl für die Arbeitsfläche
- 125 g Mozzarella
- ½ Bund Rucola
- *Backpapier*

1 Hefe zerbröckeln und in 200 ml lauwarmem Wasser auflösen. Mehl, Hefewasser, 3 EL Öl und 1 TL Salz zu einem glatten Teig verkneten. Zugedeckt an einem warmen Ort ca. 1 Stunde gehen lassen.

2 Schalotte schälen und fein schneiden. 1 EL Öl erhitzen. Schalotte darin andünsten. Tomaten zugeben. Zugedeckt ca. 6 Minuten köcheln. Mit Salz, Pfeffer und 1 Prise Zucker würzen.

3 Zuckerschoten waschen und in kochendem Salzwasser ca. 2 Minuten blanchieren. Abgießen und gut abtropfen lassen.

4 Fleisch abspülen, trocken tupfen. Mit Salz und Pfeffer würzen. 1 EL Öl in einer Pfanne erhitzen. Fleisch darin ca. 8 Minuten braten. 2–3 Minuten vor Ende der Garzeit Fleisch mit 1 TL Pesto beträufeln.

5 Teig auf Mehl rund (ca. 26 cm Ø) ausrollen. Auf ein mit Backpapier ausgelegtes Backblech legen. Mit der Tomatensoße bestreichen. Mozzarella in Scheiben schneiden. Pizza mit Zuckerschoten und Mozzarella belegen. Im vorgeheizten Backofen (E-Herd: 200 °C/Umluft: 180 °C/Gas: s. Hersteller) ca. 10 Minuten backen.

6 Rucola waschen und gut abtropfen lassen. Hähnchen in dünne Scheiben schneiden. Rucola und Hähnchen auf der Pizza verteilen. Mit etwas Pesto beträufeln.

ZUBEREITUNGSZEIT ca. 1 Std. + Wartezeit ca. 1 Std.
PORTION ca. 590 kcal
E 31 g · F 26 g · KH 58 g

Pizza Margherita

ZUTATEN FÜR 4 PERSONEN
- ½ Würfel (ca. 21 g) Hefe
- 1 TL Zucker
- 500 g Weizenmehl (Type 550)
- Salz
- 3 EL + 4 TL Olivenöl
- 1 Zwiebel ♥ 1 Knoblauchzehe
- 1 Dose (850 ml) Tomaten
- 1 TL getrockneter Oregano
- 1 TL getrocknetes Basilikum
- Pfeffer ♥ Zucker
- 250 g Mozzarella
- 4–5 Stiele Basilikum
- Mehl für die Arbeitsfläche
- *Backpapier*

1 FÜR DEN TEIG Hefe und Zucker in 250 ml lauwarmem Wasser auflösen. Mit Mehl, ca. 1 TL Salz und 2 EL Öl zu einem glatten Teig verkneten. Zugedeckt an einem warmen Ort ca. 1 Stunde gehen lassen.

2 FÜR DIE TOMATENSOSSE Zwiebel und Knoblauch schälen und fein würfeln. 1 EL Öl in einem Topf erhitzen. Zwiebel und Knoblauch darin glasig dünsten. Tomaten samt Saft zufügen und zerkleinern. Kräuter zufügen. Aufkochen und ca. 30 Minuten dicklich einköcheln. Soße mit Salz, Pfeffer und 1 Prise Zucker würzen.

3 Mozzarella in Scheiben schneiden. Basilikum waschen und die Blättchen abzupfen.

4 Teig vierteln und auf Mehl rund (ca. 22 cm Ø) ausrollen. Auf mit Backpapier belegte Bleche legen. Mit ca. ¼ Tomatensoße bestreichen. Mit je ¼ Mozzarella und Basilikum belegen. Pizzen blechweise im vorgeheizten Backofen (E-Herd: 230 °C/Umluft: 210 °C/Gas. s. Hersteller) 12–13 Minuten backen. Herausnehmen und jeweils mit 1 TL Öl beträufeln.

ZUBEREITUNGSZEIT ca. 2¾ Std. + Wartezeit ca. 1¼ Std.
PORTION ca. 740 kcal
E 28 g · F 24 g · KH 97 g

ITALIEN – PIZZA

Artischocken-Schinken-Pizza

ZUTATEN FÜR 4 PERSONEN
- ½ Würfel (ca. 21 g) Hefe
- 1 TL Zucker
- 500 g Weizenmehl (Type 550)
- Salz
- 2 EL Olivenöl
- 2 Knoblauchzehen
- 4 Stiele Basilikum
- 1 Dose (425 ml) Tomaten
- Pfeffer
- 1 Dose (425 ml) Artischockenherzen
- 250 g Mozzarella
- Mehl für die Arbeitsfläche
- 200 g Serranoschinken
- eventuell Blutampfer zum Garnieren
- Backpapier

1 FÜR DEN TEIG Hefe und Zucker in 250 ml lauwarmem Wasser auflösen. Mit Mehl, ca. 1 TL Salz und Öl zu einem glatten Teig verkneten. Zugedeckt an einem warmen Ort ca. 1 Stunde gehen lassen.

2 Knoblauch schälen. Basilikum waschen, Blättchen abzupfen. Tomaten, Knoblauch und Hälfte Basilikum pürieren. Mit Salz und Pfeffer würzen. Artischocken abtropfen lassen und vierteln. Mozzarella in Scheiben schneiden.

3 Teig in vier gleich große Stücke teilen, nacheinander auf Mehl rund (ca. 26 cm Ø) ausrollen. Teig auf mit Backpapier belegte Backbleche legen. Teig dünn mit Tomatensoße bestreichen. Mit Artischocken und Mozzarella belegen. Blechweise im vorgeheizten Backofen (E-Herd: 200 °C/Umluft: 180 °C/Gas: s. Hersteller) 12–15 Minuten backen. Pizzen mit Schinken und evtl. Blutampfer belegen.

ZUBEREITUNGSZEIT ca. 2 Std. + Wartezeit ca. 30 Min.
PORTION ca. 760 kcal
E 41 g · F 20 g · KH 97 g

Desserts

Mamma mia, sind die gut! Als süßer Abschluss eines guten Essens werden diese Desserts nicht nur in ihrem Heimatland innig geliebt

Torta al cioccolato

ZUTATEN FÜR CA. 16 STÜCKE
- 175 g Butter
- 4 Eier (Gr. M)
- 300 g Zucker
- 150 g Mehl
- 40 g Speisestärke
- 1 ½ gestrichene TL Backpulver
- 50 g Kakao
- Salz
- 200 g Zartbitterschokolade
- 200 g Schlagsahne
- 2 EL Brandy oder Weinbrand
- eventuell Schokoröllchen und Kakaopulver zum Verzieren
- Backpapier

1 FÜR DEN TEIG Eine Springform (26 cm Ø) am Boden mit Backpapier auslegen. Butter bei schwacher Hitze schmelzen, etwas abkühlen lassen. Eier trennen. Eiweiß kalt stellen. Eigelb, 3 EL lauwarmes Wasser und Zucker mit den Schneebesen des Rührgeräts ca. 8 Minuten dickschaumig schlagen. Flüssige Butter nach und nach kurz unterrühren.

2 Mehl, Stärke, Backpulver und 50 g Kakao auf die Eigelbmasse sieben, kurz unterrühren. Eiweiß und 1 Prise Salz steif schlagen. In zwei Portionen unter den Teig heben.

3 Teig in die Springform füllen und glatt streichen. Im vorgeheizten Backofen (E-Herd: 180 °C/Umluft: 160 °C/Gas: s. Hersteller) ca. 35 Minuten backen. In der Form 15–20 Minuten abkühlen lassen. Anschließend vorsichtig aus der Form lösen und auf einem Kuchengitter auskühlen lassen.

4 FÜR DIE CREME Schokolade grob hacken. Sahne im kleinen Topf aufkochen, vom Herd ziehen. Schokolade und Brandy zugeben und sofort 1–2 Minuten rühren, bis eine glatte Creme entsteht. Ca. 5 Minuten abkühlen lassen, damit die Creme etwas dickflüssiger wird. Kuchengitter samt Kuchen auf einen großen Bogen Backpapier stellen. Schokocreme gleichmäßig über den Kuchen gießen. Mindestens 2 Stunden kalt stellen. Mit Schokoröllchen verzieren und mit Kakao bestäuben.

ZUBEREITUNGSZEIT ca. 1 ¼ Std. + Wartezeit mind. 4 Std.
STÜCK ca. 340 kcal
E 5 g · F 18 g · KH 36 g

ITALIEN – DESSERTS

Zuppa inglese *alla romana*

ZUTATEN FÜR 12 PORTIONEN
- 6 Eier + 2 Eigelb (Gr. M)
- Salz
- 75 g + 125 g + etwas Puderzucker
- 75 g + 30 g Mehl
- 1 Messerspitze Backpulver
- 500 ml + 75 ml Milch
- 125 g Zucker
- 2 Päckchen Bourbon-Vanillezucker
- 6 EL Rum
- 3 EL Alchermes (italienischer Kräuterlikör; ersatzweise Orangenlikör oder Rum)
- 100 g kandierter Früchte-Mix (gewürfelt)
- kandierte Zitrusscheiben zum Verzieren
- *Backpapier*

1 FÜR DEN BISKUIT 3 Eier trennen. 3 Eiweiß und 1 Prise Salz steif schlagen, dabei 75 g Puderzucker einrieseln lassen. 3 Eigelb einzeln darunterschlagen. 75 g Mehl und Backpulver daraufsieben, unterheben. Masse in eine am Boden mit Backpapier ausgelegte Springform (26 cm Ø) streichen. Im vorgeheizten Ofen (E-Herd: 180 °C/Umluft: 160 °C/Gas: s. Hersteller) ca. 25 Minuten backen. Auskühlen lassen.

2 FÜR DIE CREME 500 ml Milch aufkochen. 3 Eier trennen. 30 g Mehl und 75 ml Milch verrühren. Erst 5 Eigelb, Zucker und Vanillezucker, dann Milch unterrühren. Alles unter Rühren erhitzen, 1–2 Minuten köcheln, bis die Masse dickcremig wird. Auskühlen lassen.

3 Biskuit senkrecht in dünne Scheiben schneiden. Boden einer ofenfesten Form (ca. 1,5 l Inhalt) mit ⅓ Biskuitstreifen auslegen. Rum, Likör und 3 EL Wasser mischen. 4 EL über den Biskuit träufeln. ⅓ Creme daraufstreichen und mit ⅓ kandierten Früchten bestreuen. Übrige Zutaten zweimal auf die gleiche Weise einschichten. Ca. 30 Minuten kalt stellen.

4 3 Eiweiß und 1 Prise Salz steif schlagen. 125 g Puderzucker einrieseln lassen. Baiser auf die Creme geben, dabei ca. 2 cm Rand frei lassen. Im vorgeheizten Backofen (E-Herd: 180 °C/Umluft: 160 °C/Gas: s. Hersteller) 10–15 Minuten gratinieren. Auskühlen lassen. Verzieren, mit Puderzucker bestäuben.

ZUBEREITUNGSZEIT ca. 1½ Std. + Wartezeit ca. 2½ Std.
PORTION ca. 240 kcal
E 5 g · F 4 g · KH 42 g

Limoncello-Mousse mit Cantuccini

ZUTATEN FÜR 10 PERSONEN
- 150 g Cantuccini
- 100 ml + 100 ml Limoncello (italienischer Zitronenlikör)
- 200 g + 200 g Schlagsahne
- 500 g Magerquark
- 250 g Mascarpone
- 100 g Zucker
- abgeriebene Schale und Saft von 1 Bio-Zitrone
- 1 Päckchen Vanillesoßenpulver (ohne Kochen)
- 100 g Heidelbeeren
- *1 Gefrierbeutel*

1 Cantuccini in einen Gefrierbeutel geben. Beutel verschließen und die Cantuccini mit einer Teigrolle fein zerbröseln. Brösel, bis auf 2 EL zum Verzieren, in zehn Gläser (à ca. 250 ml Inhalt) verteilen. 100 ml Likör darüberträufeln.

2 200 g Sahne steif schlagen. Quark, Mascarpone, Zucker, 100 ml Likör, Zitronenschale und -saft mit den Schneebesen des Rührgeräts glatt rühren. Soßenpulver unterrühren. Sahne unterheben. Creme in einen großen Spritzbeutel füllen, in die Gläser spritzen. Mindestens 1 Stunde kalt stellen.

3 Heidelbeeren waschen und gut abtropfen lassen. 200 g Sahne steif schlagen. Sahne in einen Spritzbeutel mit großer Sterntülle füllen und als Tuffs auf die Creme spritzen. Mit Heidelbeeren und restlichen Bröseln bestreuen.

ZUBEREITUNGSZEIT ca. 45 Min. + Wartezeit mind. 1 Std.
PORTION ca. 450 kcal
E 9 g · F 26 g · KH 42 g

ITALIEN – DESSERTS

Zabaione mit Beeren

ZUTATEN FÜR CA. 4 PERSONEN
- 500 g gemischte Beeren (z. B. Himbeeren, Heidelbeeren und Erdbeeren)
- 4 frische Eigelb
- abgeriebene Schale von ½ Bio-Zitrone
- 100 ml Marsala (italienischer Dessertwein)
- 100 g Zucker

1 Himbeeren und Heidelbeeren verlesen, eventuell vorsichtig waschen und abtropfen lassen. Erdbeeren waschen und in dünne Scheiben schneiden. Beeren auf vier Dessertteller verteilen.

2 FÜR DIE ZABAIONE Eigelb, Zitronenschale, Marsala und Zucker in einer Metallschüssel mit den Schneebesen des Rührgeräts verrühren. Alles im heißen Wasserbad 7–10 Minuten zu einer hellschaumigen Creme aufschlagen.

3 Zabaione vom Wasserbad nehmen und kräftig weiterschlagen, bis sie lauwarm abgekühlt ist. Über die Beeren verteilen und sofort servieren.

ZUBEREITUNGSZEIT ca. 25 Min.
PORTION ca. 240 kcal
E 4 g · F 8 g · KH 32 g

Tiramisu

ZUTATEN FÜR 8 PERSONEN
- 150 ml kalter Espresso
- 6 EL Weinbrand
- 1 Bio-Zitrone
- 4 Eigelb (Gr. M)
- 4 EL Zucker
- 500 g Mascarpone
- 150 g Löffelbiskuits
- 2 EL Kakao

1 Espresso und Weinbrand verrühren. Zitrone heiß waschen und die Schale dünn abraspeln. Eigelb und Zucker mit den Schneebesen des Rührgeräts cremig aufschlagen. Mascarpone esslöffelweise unterrühren. Zitronenschale unterheben.

2 Den Boden einer rechteckigen Auflaufform (ca. 16 x 22 cm) mit der Hälfte der Kekse bedecken. Mit der Hälfte der Kaffeemischung beträufeln. Ca. Hälfte Creme darauf verstreichen. Vorgang mit übrigen Keksen und Kaffeemischung wiederholen. Creme locker darauf verstreichen. Mindestens 5 Stunden zugedeckt kalt stellen. Mit Kakao bestäubt servieren.

ZUBEREITUNGSZEIT ca. 20 Min. + Wartezeit ca. 5 Std.
PORTION ca. 410 kcal
E 6 g · F 31 g · KH 20 g

Pannacotta *mit Campari-Erdbeeren*

ZUTATEN FÜR 10 PERSONEN
- 9 Blatt Gelatine
- 1,5 kg Schlagsahne
- 150 g Zucker
- 2 Päckchen Bourbon-Vanillezucker
- 1 Glas (225 g) Johannisbeergelee
- 6 EL Campari
- 500–600 g Erdbeeren
- 1 Bio-Zitrone
- 2 Stiele Zitronenmelisse

1 AM VORTAG FÜR DIE PANNACOTTA Gelatine in kaltem Wasser einweichen. Sahne, Zucker und Vanillezucker in einem Topf aufkochen und 15–20 Minuten köcheln. Topf vom Herd nehmen. Sahne etwas abkühlen lassen. Gelatine ausdrücken und in der heißen Sahne auflösen.

2 Zehn Timbale-Förmchen oder Tassen (ca. 150 ml Inhalt) mit kaltem Wasser ausspülen. Sahnemasse einfüllen, abkühlen lassen und über Nacht kalt stellen.

3 AM NÄCHSTEN TAG FÜR DIE ERDBEEREN Johannisbeergelee und eventuell 3–4 EL Wasser erhitzen, sodass es flüssig wird. Campari einrühren.

4 Erdbeeren waschen, putzen und klein schneiden. Camparisoße darübergießen und ziehen lassen.

5 Zitrone heiß waschen, Schale mit einem Zestenreißer in dünnen Streifen abziehen. Zitronenmelisse waschen, Blättchen abzupfen.

6 Förmchen bis zum Rand kurz in heißes Wasser tauchen. Pannacotta am Rand lösen, auf eine Platte stürzen und mit den Campari-Erdbeeren anrichten. Dessert mit Zitronenmelisse und Zitronenzesten verzieren.

ZUBEREITUNGSZEIT ca. 45 Min. + Wartezeit mind. 12 Std.
PORTION ca. 640 kcal
E 5 g · F 48 g · KH 40 g

Melonen-Granita

ZUTATEN FÜR 6 PERSONEN
- 2 reife Honigmelonen
- 2 Zitronen
- 150 g Zucker
- 2 EL Honig
- Minze zum Verzieren

1 Melonen halbieren, schälen und Kerne entfernen. Fruchtfleisch klein schneiden und pürieren. Zitronen auspressen.

2 Zucker, Honig, Zitronensaft und 250 ml Wasser in einen Topf geben und ca. 5 Minuten köcheln. Auskühlen lassen.

3 Melonenpüree und Sirup mischen. Masse in eine große, flache Schale (ca. 4 cm hoch) geben und ca. 3 Stunden im Gefrierfach durchfrieren lassen. Mit einer Gabel gelegentlich verrühren.

4 Vor dem Servieren die kleinen Kristalle noch mal zerkleinern. Granita ausf vier Schalen verteilen und mit Minze verzieren.

ZUBEREITUNGSZEIT ca. 20 Min. + Wartezeit ca. 4 Std.
PORTION ca. 270 kcal
E 3 g · F 0 g · KH 64 g

Bon Appétit

Im Süden kochen die Franzosen mediterran, mit Raffinesse und sehr viel Liebe zu den Zutaten. Entdecken Sie die fabelhafte Vielfalt der Küche anhand unserer Gerichte

Hauptgerichte

Schlemmen wie Gott in Frankreich: Hier verwöhnen beliebte Klassiker wie Coq au Vin, Cassoulet und Ratatouille Gourmets aufs Feinste

FRANKREICH – HAUPTGERICHTE

Provenzalische Cidrekoteletts

ZUTATEN FÜR 10 PORTIONEN
- 10 ausgelöste Schweinekoteletts (à ca. 300 g)
- 200 g Hartkäse (z. B. Comté; Stück)
- 200 g gekochter Schinken
- 5 Knoblauchzehen
- 3 Stangen Porree
- 1,5 kg Kartoffeln
- 200 g Schalotten
- 4 Stiele Thymian
- 8 kleine rote Äpfel
- 5 EL Butterschmalz
- Salz ♥ Pfeffer
- 1 EL Kräuter der Provence
- 500 ml Cidre (französischer Apfelwein)
- *Holzspießchen*

1 Koteletts abspülen, trocken tupfen und jeweils eine Tasche einschneiden. Käse und Schinken fein würfeln und mischen. Koteletts damit füllen, Öffnung mit Holzspießchen zustecken.

2 Knoblauch schälen und grob hacken. Porree waschen und in Ringe schneiden. Kartoffeln schälen, waschen und je nach Größe halbieren oder vierteln. Schalotten schälen und längs halbieren. Thymian und Äpfel waschen. 4 Äpfel achteln und entkernen.

3 3 EL Butterschmalz in einem großen flachen Bräter erhitzen. Koteletts darin portionsweise pro Seite ca. 2 Minuten kräftig anbraten. Mit Salz und Pfeffer würzen, herausnehmen. 2 EL Butterschmalz im Bratfett erhitzen. Kartoffeln, Schalotten und Knoblauch darin ca. 10 Minuten anbraten. Porree, Thymian, Kräuter der Provence und Apfelspalten zufügen. Mit Cidre ablöschen, aufkochen. Koteletts daraufsetzen und im vorgeheizten Backofen (E-Herd: 200 °C/Umluft: 180 °C/Gas: s. Hersteller) ca. 1 ½ Stunden schmoren. Nach ca. 1 Stunde übrige Äpfel um die Koteletts verteilen. Temperatur herunterschalten (E-Herd: 160 °C/Umluft: 140 °C/Gas: s. Hersteller) und zu Ende garen.

ZUBEREITUNGSZEIT ca. 2 ¼ Std.
PORTION ca. 630 kcal
E 68 g · F 26 g · KH 28 g

EXTRA-TIPP
Als Beilage passt prima ein cremiges Kartoffelpüree. Es wird besonders fein, wenn Sie einen Teil der Milch durch Schlagsahne ersetzen. Und, typisch französisch, nicht an guter Butter sparen!

Coq au Vin rosé mit Kartoffel-Sellerie-Püree

ZUTATEN FÜR 4 PERSONEN
- 1 küchenfertiges Bauernhähnchen (ca. 1,5 kg)
- 400 g kleine Champignons
- 200 g kleine Schalotten
- 3 Zweige Rosmarin
- 2 EL Olivenöl
- Salz
- Pfeffer
- 1–2 EL Mehl
- 300 ml trockener Roséwein
- 500 g Kartoffeln
- 1 Knollensellerie (ca. 800 g)
- 200 g Schlagsahne
- Muskat

1 FÜR DAS COQ AU VIN Hähnchen in 8 Stücke (je 2 Ober- und Unterkeulen, 2 Flügel, 2 Bruststücke mit Knochen) zerteilen. Hähnchenteile abspülen und gut trocken tupfen. Pilze kurz waschen. Schalotten schälen. Rosmarin waschen, Nadeln abstreifen und fein hacken.

2 Öl in einem Bräter mit Deckel erhitzen. Hähnchenteile darin unter Wenden kräftig anbraten. Mit Salz und Pfeffer würzen. Herausnehmen. Pilze und Schalotten im heißen Bratfett anbraten. Rosmarin zufügen. Alles mit Mehl bestäuben und anschwitzen. Mit Wein und 300 ml Wasser ablöschen. Aufkochen, Hähnchenteile zufügen, nochmals mit Salz und Pfeffer würzen und zugedeckt ca. 45 Minuten schmoren.

3 FÜR DAS PÜREE Kartoffeln und Sellerie schälen, waschen und in Stücke schneiden. Beides mit 100 ml Wasser, Sahne und ½ TL Salz in einen Topf geben. Aufkochen und zugedeckt ca. 20 Minuten köcheln. Dann alles samt Flüssigkeit zu feinem Püree zerstampfen. Mit Muskat und wenig Salz abschmecken. Coq au Vin mit Salz und Pfeffer abschmecken. Alles anrichten.

ZUBEREITUNGSZEIT ca. 1 ¼ Std.
PORTION ca. 980 kcal
E 75 g · F 53 g · KH 31 g

FRANKREICH – HAUPTGERICHTE

Entrecote mit Senfrahm und Kartoffelpüree

ZUTATEN FÜR 4 PERSONEN
- 1 Baguettebrötchen
- 3 EL Butter
- Salz ♥ Pfeffer
- 1 kg Kartoffeln
- 1 Zwiebel
- 1 kleine Möhre
- 3 EL Öl
- 150 ml Weißwein
- 5 EL Weißweinessig
- 250 g Schlagsahne
- 50 g körniger Senf
- 4 Entrecote-Steaks (à ca. 200 g)
- 250 ml Milch ♥ Muskat
- Alufolie

1 FÜR DIE CROÛTONS Brötchen würfeln. 2 EL Butter in einer Pfanne erhitzen. Brotwürfel darin goldbraun rösten. Mit Salz und Pfeffer würzen, herausnehmen.

2 FÜR DAS PÜREE Kartoffeln schälen, waschen und in Salzwasser ca. 20 Minuten kochen.

3 FÜR DEN SENFRAHM Zwiebel und Möhre schälen und in sehr feine Würfel schneiden. 1 EL Öl in einer Pfanne erhitzen. Zwiebel- und Möhrenwürfel darin ca. 3 Minuten dünsten. Mit Wein und Essig ablöschen, aufkochen und ca. 5 Minuten köcheln. Sahne und Senf einrühren. Mit Salz und Pfeffer abschmecken. Warm stellen.

4 FÜR DIE STEAKS Fleisch trocken tupfen. 2 EL Öl in einer Pfanne erhitzen. Steaks darin in zwei Portionen pro Seite ca. 3 Minuten braten. Mit Salz und Pfeffer würzen. Herausnehmen, in Alufolie wickeln und ca. 5 Minuten ruhen lassen.

5 FÜR DAS PÜREE Kartoffeln abgießen, Milch und 1 EL Butter zufügen und grob zerstampfen. Mit Salz und Muskat abschmecken. Steaks mit Püree und Senfrahm anrichten und mit den Croûtons bestreuen.

ZUBEREITUNGSZEIT ca. 1 Std.
PORTION ca. 930 kcal
E 52 g · F 53 g · KH 50 g

Korsischer Lammtopf mit Erbsen

ZUTATEN FÜR 4 PERSONEN
- 1–1,2 kg ausgelöste Lammkeule
- 1 große Zwiebel
- 5 Knoblauchzehen
- 5 Stiele Minze
- 2 Stiele Thymian
- 1 Zweig Rosmarin
- 4–5 EL Olivenöl
- Salz
- Pfeffer
- 3–4 TL Fleischbrühe (instant)
- 600 g TK-Erbsen

1 Fleisch abspülen, trocken tupfen und eventuell sichtbares Fett oder Haut entfernen. Fleisch in grobe Stücke schneiden. Zwiebel und Knoblauch schälen. Zwiebel grob würfeln, Knoblauch hacken. Kräuter waschen. Minze, bis auf 1 Stiel, hacken. Rosmarin abstreifen.

2 Öl in einem Bräter erhitzen. Fleisch darin unter Wenden kräftig anbraten. Zwiebel und Knoblauch zufügen, kurz mitbraten. Fleisch mit Salz und Pfeffer würzen. Rosmarin, Thymian und ca. 2 EL der gehackten Minze zufügen. 1–1 ¼ l Wasser angießen, aufkochen und Brühe einrühren. Zugedeckt ca. 1 ½ Stunden schmoren. Gefrorene Erbsen zufügen und weitere ca. 30 Minuten schmoren.

3 Lammtopf mit Salz und Pfeffer abschmecken und in einer großen Terrine anrichten. Mit Rest Minze bestreuen und garnieren. Dazu schmeckt Baguette oder Weißbrot.

ZUBEREITUNGSZEIT ca. 2 Std.
PORTION ca. 660 kcal
E 43 g · F 45 g · KH 21 g

FRANKREICH – HAUPTGERICHTE

Deftiges Cassoulet

ZUTATEN FÜR 6–8 PERSONEN
- 500 g getrocknete weiße Bohnen
- 1 kg ausgelöster Kasselernacken
- Salz ♥ Pfeffer ♥ 3 Lorbeerblätter
- 2 Bund Suppengrün
- 2 Zwiebeln ♥ 2–3 Knoblauchzehen
- 2 Gänsekeulen (ca. 900 g) ♥ 4 EL Olivenöl
- 1 Dose (850 ml) Tomaten
- 2–3 Mettenden ♥ 2–3 Merguez (ca. 250 g; französische Bratwürste)
- 4 Stiele Thymian ♥ 4 Stiele Petersilie
- 50 g Semmelbrösel

1 AM VORTAG Bohnen über Nacht in kaltem Wasser einweichen.

2 AM NÄCHSTEN TAG Bohnen abspülen und abtropfen lassen. Mit Kasseler in einem Topf mit ca. 2 l Wasser bedecken. Mit Salz und Pfeffer würzen. Lorbeer zufügen. Aufkochen und zunächst ca. 20 Minuten garen. Suppengrün waschen und grob schneiden. Zwiebeln und Knoblauch schälen und würfeln. Gänsekeulen abspülen und trocken tupfen. Mit Salz würzen.

3 Keulen in 2 EL Öl im großen Bräter mit Deckel anbraten, herausnehmen. Suppengrün, Zwiebeln und Knoblauch im Bratfett andünsten. Tomaten samt Saft zufügen, Tomaten zerkleinern, aufkochen. Mit Salz und Pfeffer würzen.

4 Kasseler herausheben. Bohnen samt Kochwasser in den Bräter geben und untermischen. Kasseler und Keulen darauflegen. Zugedeckt ca. 1 Stunde garen. Gesamte Wurst in Scheiben schneiden. Kasseler und Keulen herausnehmen, Kasseler in Stücke schneiden. Kasseler und Wurst unter das Gemüse mischen. Mit Salz und Pfeffer abschmecken. Keulen darauflegen. Kräuter waschen, hacken, mit Semmelbröseln mischen und darüberstreuen. 2 EL Öl darüberträufeln. Im vorgeheizten Backofen (E-Herd: 180 °C/Umluft: 160 °C/Gas: s. Hersteller) ca. 1 Stunde backen.

ZUBEREITUNGSZEIT ca. 3 Std. + Wartezeit ca. 12 Std.
PORTION ca. 890 kcal
E 67 g · F 50 g · KH 34 g

Nizza-Salat mit Senf-Speck-Vinaigrette

ZUTATEN FÜR 4 PERSONEN
- 500 g grüne Bohnen ♥ Salz
- 4 Eier (Gr. M)
- 1 Kartoffel (ca. 100 g)
- 5 EL Olivenöl
- 5 Scheiben Frühstücksspeck (Bacon)
- 1 Dose (425 ml) weiße Bohnenkerne
- 1 Glas (314 ml) Artischockenherzen
- 2 Mini-Römersalate (à ca. 150 g)
- 6 Stiele Thymian
- 2 EL Senf (z. B. Dijonsenf)
- 4 EL Weißweinessig ♥ Pfeffer
- 100 g schwarze Oliven

1 FÜR DEN SALAT Grüne Bohnen waschen und in kochendem Salzwasser ca. 10 Minuten garen. Eier ca. 8 Minuten hart kochen. Kartoffel gründlich waschen und in Wasser ca. 15 Minuten kochen.

2 1 EL Öl in einer Pfanne erhitzen. Speckscheiben halbieren und darin knusprig braten, herausnehmen und auf Küchenpapier abtropfen lassen. Speckfett für die Vinaigrette beiseitestellen.

3 Grüne Bohnen und Eier abgießen. Eier abschrecken und schälen. Beides abkühlen lassen. Weiße Bohnen abgießen, abspülen und abtropfen lassen. Artischocken abtropfen lassen und halbieren. Römersalat waschen und in Streifen schneiden.

4 FÜR DIE VINAIGRETTE Kartoffel abgießen, schälen und in einer Schüssel mit einer Gabel fein zerdrücken. Thymian waschen, Blättchen abstreifen. Kartoffel, Thymian, Speckfett, Senf, Essig und 4 EL Öl verrühren. Mit Salz und Pfeffer abschmecken.

5 Speck, bis auf 4 Scheiben, in Stücke brechen. Eier vierteln. Beides mit den vorbereiteten Salatzutaten und Oliven auf vier Teller verteilen. Mit Vinaigrette beträufeln. Knusperspeck daraufsetzen.

ZUBEREITUNGSZEIT ca. 45 Min.
PORTION ca. 480 kcal
E 22 g · F 27 g · KH 35 g

Ratatouille *mit Kräutercroûtons*

ZUTATEN FÜR 4 PERSONEN
- 2 rote und 1 gelbe Paprikaschote
- 2 kleine Zucchini
- 1 Aubergine
- 2 Zwiebeln
- 8 EL Olivenöl
- 3 Knoblauchzehen
- 1 Dose (850 ml) Tomaten mit Saft
- 1 TL Gemüsebrühe (instant)
- 1 EL getrocknete Kräuter der Provence
- 4 Scheiben Toastbrot
- ½ Bund Petersilie
- abgeriebene Schale von ½ Bio-Zitrone
- Salz ♥ Pfeffer

1 FÜR DAS RATATOUILLE Paprika, Zucchini und Aubergine waschen, Zwiebeln schälen. Alles in ca. 2 cm große Stücke schneiden. 3 EL Öl in einem großen Topf erhitzen. Aubergine darin goldbraun braten, herausnehmen. 3 EL Öl in den Topf geben, Rest Gemüse darin andünsten. 2 Knoblauchzehen schälen, dazupressen. Tomaten samt Saft zugeben. Tomaten etwas zerkleinern. 200 ml Wasser zugießen. Alles aufkochen. Brühe und Kräuter einrühren. Zugedeckt ca. 20 Minuten köcheln.

2 FÜR DIE CROÛTONS Toastscheiben rösten. Petersilie waschen und fein hacken. 1 Knoblauchzehe schälen und fein hacken. Brot zerrupfen. Mit Petersilie, Zitronenschale und 2 EL Öl mischen. Mit Salz und Pfeffer würzen.

3 Aubergine zum Gemüse geben und erhitzen. Mit Salz und Pfeffer würzen. Mit Croûtons servieren.

ZUBEREITUNGSZEIT ca. 50 Min.
PORTION ca. 320 kcal
E 7 g · F 22 g · KH 22 g

Schinkenpastete
mit Zwiebel-Portwein-Confit

ZUTATEN FÜR CA. 10 SCHEIBEN
- 250 g Mehl ♥ Salz ♥ 125 g kalte Butter
- 4 Stiele Petersilie ♥ 5 Zwiebeln
- 2 EL Gänseschmalz
- 150 g geräucherter durchwachsener Speck
- 200 g gekochter Schinken (Stück)
- 75 g getrocknete Softaprikosen
- 50 g Pistazienkerne
- 200 g Mett (gewürztes Schweinehack)
- 1 Ei (Gr. M) ♥ Pfeffer
- Mehl für die Arbeitsfläche ♥ Fett für die Form
- 4 EL Zucker ♥ 2 EL Himbeeressig
- 200 ml roter Portwein
- *Frischhaltefolie ♥ Backpapier*

1 AM VORTAG FÜR DEN TEIG Mehl und ½ TL Salz in einer Schüssel mischen. Butter auf einer Küchenreibe direkt ins Mehl reiben, mischen. 4 EL kaltes Wasser zugeben. Kurz verkneten, bis alle Zutaten verbunden sind. Teig in Folie ca. 2 Stunden kalt stellen.

2 FÜR DIE FÜLLUNG Petersilie waschen und hacken. 1 Zwiebel schälen, fein würfeln, in 1 EL heißem Schmalz ca. 1 Minute andünsten, herausnehmen. Speck und Schinken fein würfeln. Aprikosen und Pistazien grob hacken. Alles mit Petersilie, Zwiebel, Mett und Ei verkneten. Mit Salz und Pfeffer würzen. Kalt stellen.

3 Teig auf Mehl rechteckig (ca. 20 x 40 cm) ausrollen. In eine gefettete Pasteten- oder Kastenform (ca. 10 x 23 cm) geben und andrücken. Füllung darin verteilen, überstehende Teigränder darüberklappen. In den Teig zwei Löcher stechen. Aus Backpapier zwei Zylinder rollen und in die Löcher stecken. Im vorgeheizten Backofen (E-Herd: 180 °C/Umluft: 160 °C/Gas: s. Hersteller) ca. 1 ¾ Stunden backen. In der Form über Nacht auskühlen lassen.

4 AM NÄCHSTEN TAG FÜR DAS CONFIT 4 Zwiebeln schälen, fein würfeln, in 1 EL Schmalz glasig dünsten. Mit Zucker bestreuen und leicht karamellisieren. Mit Essig und Portwein ablöschen, aufkochen, ca. 15 Minuten köcheln. Confit abschmecken. Auskühlen lassen. Alles anrichten.

ZUBEREITUNGSZEIT ca. 2½ Std. + Wartezeit ca. 12 Std.
SCHEIBE ca. 370 kcal
E 11 g · F 20 g · KH 31 g

Zwiebelsuppe mit Weißweincrôutons

ZUTATEN FÜR 4 PERSONEN
- 800 g Zwiebeln
- 1 Knoblauchzehe
- 3 Stiele Thymian
- 3 EL Butter
- 1 EL Zucker
- 5 EL Cognac
- 300 ml trockener Weißwein
- 2 TL Hühnerbrühe (instant)
- Salz • Pfeffer
- ca. 250 g Kastenweißbrot
- 200 g Gruyère (Stück)

1 FÜR DIE SUPPE Zwiebeln und Knoblauch schälen. Zwiebeln in Streifen schneiden, Knoblauch fein hacken. Thymian waschen und ebenfalls fein hacken.

2 Butter in einem Topf erhitzen. Zwiebeln und Knoblauch darin ca. 10 Minuten glasig dünsten. Mit Zucker bestreuen und karamellisieren. Thymian kurz mitbraten. Erst Cognac angießen und aufkochen. Dann Wein und 500 ml Wasser zugießen. Alles aufkochen, Brühe einrühren. Mit Salz und Pfeffer würzen und zugedeckt ca. 20 Minuten köcheln. Suppe abschmecken.

3 FÜR DIE CROÛTONS Brot in Würfel schneiden. Käse fein reiben. Suppe in vier ofenfeste Schalen (à ca. 650 ml) verteilen. Brotwürfel daraufgeben und mit Käse bestreuen. Im vorgeheizten Backofen (E-Herd: 230 °C/Umluft: 210 °C/Gas: s. Hersteller) 5–7 Minuten goldbraun überbacken.

ZUBEREITUNGSZEIT ca. 50 Min.
PORTION ca. 620 kcal
E 30 g · F 28 g · KH 46 g

Vorspeisen

Vive l'apéritif – es lebe der Aperitif! Und der wird hier nicht flüssig serviert, sondern als edles Entree für ein Menü oder als schmackhafter Snack

FRANKREICH – VORSPEISEN

Gekochte Artischocken
mit dreierlei Dips

ZUTATEN FÜR 4 PERSONEN

FÜR DIE ARTISCHOCKEN
- 1 Bio-Zitrone
- 4 Artischocken (à 350 g)
- Salz • *Küchengarn*

FÜR DEN KARTOFFELDIP
- 1 große Kartoffel • 1 Knoblauchzehe
- ½ Glas (370 ml) Röstpaprika
- 5 EL Olivenöl • Salz • Pfeffer
- ½ TL Kurkuma
- 1 Messerspitze Chilipulver

FÜR DEN SENF-EI-DIP
- 3 Eier • 3 EL Weißweinessig
- 2 TL Dijonsenf • 1 TL Zucker
- 3 EL Olivenöl
- 1 Zwiebel (z. B. rote)
- 1 Bund Dill • Salz • Pfeffer

FÜR DIE TAPENADE
- 1 Knoblauchzehe
- 100 g schwarze Oliven ohne Stein
- 2 EL Kapern • 6 EL Öl
- 2 Stiele Thymian • Pfeffer

1 FÜR DIE ARTISCHOCKEN Zitrone heiß waschen und in 8 dünne Scheiben schneiden. Artischocken waschen. Stiele am Artischockenboden abschneiden. Zunächst oberes Drittel, dann die Blattspitzen kürzen. Zitronenscheiben an den Schnittstellen mit Küchengarn über Kreuz festbinden. In reichlich kochendem Salzwasser 30–45 Minuten garen, bis sich die Blätter leicht herausziehen lassen.

2 FÜR DEN KARTOFFELDIP Kartoffel waschen, ca. 20 Minuten kochen. Abgießen, schälen, mit einer Gabel zerdrücken und abkühlen lassen. Knoblauch schälen, fein hacken. Röstpaprika fein würfeln. Alles mit Öl verrühren. Mit Salz, Pfeffer, Kurkuma und Chili abschmecken.

3 FÜR DEN EI-SENF-DIP Eier hart kochen und auskühlen lassen. Essig, 3 EL Wasser, Senf und Zucker verrühren. Öl darunterschlagen. Zwiebel schälen und fein würfeln. Dill waschen und fein schneiden. Eier schälen und hacken. Mit Zwiebel und Dill in die Senfsoße rühren. Mit Salz und Pfeffer abschmecken.

4 FÜR DIE TAPENADE Knoblauch schälen. Mit Oliven, Kapern und Öl pürieren. Thymian waschen und hacken. In die Tapenade rühren. Mit Pfeffer abschmecken.

5 Artischocken herausheben und abtropfen lassen. Dips dazu reichen.

ZUBEREITUNGSZEIT ca. 1 Std.
PORTION ca. 480 kcal
E 15 g · F 33 g · KH 26 g

Stiel entfernen
Artischocken waschen und abtropfen lassen. Stiel entweder mit einem Messer am Boden abschneiden oder über einer Tischkante abbrechen. Artischockenboden gerade schneiden.

Spitzen schneiden
Das obere Drittel der Artischocken abschneiden. Dann die harten Blattspitzen rundherum mit einer Küchenschere abschneiden. Schnittflächen mit Zitrone einreiben, damit sie sich nicht dunkel färben.

Zitrone binden
Artischocken am Boden jeweils mit einer Zitronenscheibe belegen und mit Küchengarn über Kreuz um die Frucht festbinden.

Blüte kochen
Artischocken in Salzwasser (am besten mit einem Schuss Zitronensaft) je nach Größe 30–45 Minuten kochen. Sie sind gar, wenn sich die Blätter leicht herausziehen lassen.

Fruchtiger Salat *mit Leber-Pâté*

ZUTATEN FÜR 4 PERSONEN
- 100 g Babyleafsalat
- 100 g Rucola
- 200 g kleine grüne Weintrauben
- 50 g Walnusskerne
- 2 reife Birnen
- 3 EL Zitronensaft
- 3 EL Sherry- oder Balsamico-Essig
- Salz ♥ Pfeffer
- 2 EL Olivenöl
- 1 Packung (80 g) Gänseleber-Pâté
- Pfeffer (z. B. grober)

1 Salate waschen und trocken schleudern. Trauben waschen und abzupfen. Nüsse grob hacken. Birnen waschen, schälen, vierteln, entkernen und in Spalten schneiden. Mit Zitronensaft beträufeln.

2 Essig, Salz und Pfeffer verrühren. Öl darunterschlagen. Vinaigrette, Salat, Trauben und Nüsse mischen, auf Tellern anrichten. Leber-Pâté in Scheiben schneiden und mit Birnenspalten auf dem Salat verteilen. Mit grobem Pfeffer bestreuen.

ZUBEREITUNGSZEIT ca. 15 Min.
PORTION ca. 260 kcal
E 9 g · F 16 g · KH 18 g

FRANKREICH – VORSPEISEN

Bouillabaisse

ZUTATEN FÜR 4 PERSONEN
- 1 küchenfertige Dorade (ca. 600 g; vom Fischhändler filetieren lassen; Fischkarkasse mitgeben lassen)
- 300 g Rotbarschfilet
- 200 g Garnelen (mit Schale; ohne Kopf)
- 300 g Miesmuscheln
- 5 EL Olivenöl ♥ Salz ♥ Pfeffer
- 2 Möhren
- 1 Fenchel (ca. 400 g)
- 300 g Kartoffeln
- 1 Zwiebel ♥ 3 Knoblauchzehen
- 2–3 Stiele Thymian
- 2 EL Tomatenmark
- 5 EL Wermut
- 1 Döschen (0,1 g) Safranfäden
- 2 Lorbeerblätter
- 200 ml trockener Weißwein
- 3 Tomaten
- evtl. Petersilie zum Garnieren

1 Fisch abspülen, in Stücke schneiden. Garnelen, bis auf den Schwanz, schälen, Garnelen und Schale getrennt abspülen. Muscheln waschen, Bärte entfernen, geöffnete Muscheln wegwerfen.

2 Garnelenschalen in ½ EL Öl ca. 2 Minuten anrösten. 2 l Wasser zugießen. Fischkarkasse zugeben, aufkochen und ca. 30 Minuten köcheln. Schaum abschöpfen.

3 Fischfilets in 2 EL Öl zunächst auf der Hautseite ca. 1 Minute anbraten, wenden und dann aus der Pfanne nehmen. Filets mit Salz und Pfeffer würzen. ½ EL Öl in die Pfanne geben. Garnelen darin ca. 1 Minute braten. Herausnehmen.

4 Möhren schälen, waschen und in Scheiben schneiden. Fenchel waschen und in dünne Streifen schneiden. Kartoffeln schälen, waschen, würfeln. Zwiebel schälen, würfeln. 2 Knoblauchzehen schälen und andrücken. Thymian waschen. Fond durch ein Mulltuch gießen.

5 Möhren, Fenchel, Kartoffeln, Zwiebel, Knoblauch und Thymian in 2 EL heißem Öl ca. 2 Minuten dünsten. Tomatenmark mit anschwitzen. Mit Wermut ablöschen. Safran, Lorbeer, Wein und Fond zufügen und zugedeckt bei schwacher Hitze ca. 30 Minuten köcheln.

6 Tomaten einritzen, überbrühen, abschrecken, häuten, entkernen und in Streifen schneiden. Tomaten, Fischfilets, Garnelen und Muscheln zur Suppe geben. Topf vom Herd nehmen, Suppe ca. 5 Minuten ziehen lassen. Mit Salz und Pfeffer abschmecken. Mit Petersilie garnieren. Dazu schmeckt Knoblauchmayonnaise.

ZUBEREITUNGSZEIT ca. 1 ¼ Std.
PORTION ca. 290 kcal
E 30 g · F 10 g · KH 13 g

Kartoffel-Porree-Rahmsuppe

ZUTATEN FÜR 6–8 PERSONEN
- 1 Zwiebel
- 500 g Kartoffeln
- 2 große Stangen Porree
- 2–3 EL Öl
- Salz ♥ Pfeffer ♥ Zucker
- 4 EL Zitronensaft
- 200 g + 100 g Schlagsahne
- 400 ml Milch
- 2–3 TL Gemüsebrühe (instant)
- ½ Bund Schnittlauch

1 Zwiebel schälen und würfeln. Kartoffeln schälen, waschen und würfeln. Porree waschen und je das Weiße und Hellgrüne in feine Ringe schneiden.

2 Öl in einem großen Topf erhitzen. Zwiebel, Kartoffeln und Porree darin ca. 10 Minuten andünsten. Mit Salz, Pfeffer und 1 Prise Zucker würzen. Mit 1 l Wasser, Zitronensaft, 200 g Sahne und Milch ablöschen. Aufkochen, Brühe einrühren und zugedeckt ca. 20 Minuten köcheln. Suppe pürieren. Mit Salz und Pfeffer abschmecken.

3 100 g Sahne halbsteif schlagen. Schnittlauch waschen und in feine Röllchen schneiden. Suppe mit jeweils 1 Klecks Sahne und etwas Schnittlauch anrichten. Heiß oder kalt servieren.

ZUBEREITUNGSZEIT ca. 45 Min.
PORTION ca. 220 kcal
E 4 g · F 16 g · KH 13 g

FRANKREICH – VORSPEISEN

Muscheln
in Weißwein-Sahne

ZUTATEN FÜR 4 PERSONEN
- 1 kleine Stange Porree
- 2 Schalotten
- 1 Stiel Petersilie
- 2 Stiele Thymian
- 2 kg Miesmuscheln
- 1 EL Butter
- 200 ml trockener Weißwein
- 1 Bund Schnittlauch
- 150 g Schlagsahne
- 1 TL Speisestärke
- Salz ♥ Pfeffer

1 Porree waschen und in dünne Ringe schneiden. Schalotten schälen und fein würfeln. Petersilie und Thymian waschen. Muscheln unter kaltem Wasser abbürsten, Bärte entfernen und geöffnete Muscheln wegwerfen.

2 Butter in einem Topf erhitzen. Porree und Schalotten darin ca. 4 Minuten andünsten. Muscheln, Thymian und Petersilie zugeben. Mit Wein und ca. 100 ml Wasser ablöschen. Zugedeckt ca. 8 Minuten köcheln. Muscheln in ein Sieb gießen, Sud dabei auffangen. Ungeöffnete Muscheln wegwerfen. Kräuterstiele entfernen. Muscheln und Gemüse warm stellen.

3 Schnittlauch waschen und in Röllchen schneiden. Kochsud und Sahne in einem Topf aufkochen. Stärke und 2 EL Wasser glatt rühren. In den Sud rühren und 2–3 Minuten köcheln. Soße mit Salz und Pfeffer würzen. Schnittlauchröllchen zugeben. Muscheln anrichten. Mit Soße übergießen.

ZUBEREITUNGSZEIT ca. 30 Min.
PORTION ca. 350 kcal
E 26 g · F 17 g · KH 12 g

Quiches & Tartes

Diese pikanten Kuchen mit karamellisierten Zwiebeln, würzigem Käse und deftigem Speck sind die idealen Begleiter zu einem Glas Wein

Zwiebel-Tarte-Tatin
mit Speckmarmelade

ZUTATEN FÜR CA. 10 STÜCKE
- 150 g geräucherter durchwachsener Speck (Stück)
- 10 kleine Zwiebeln ♥ 1 Knoblauchzehe
- 1 EL Öl ♥ 5 EL brauner Zucker
- 1 EL Tomatenmark
- 5 EL Balsamico-Essig ♥ 5 EL Rotwein
- 1 Dose (425 ml) stückige Tomaten
- Salz ♥ Pfeffer
- 2 Zweige Rosmarin ♥ 3 EL Butter
- 1 Packung (270 g) frischer Blätterteig

1 FÜR DIE MARMELADE Speck würfeln. 2 Zwiebeln und Knoblauch schälen und fein würfeln. Öl in einem Topf erhitzen. Speck darin knusprig braten. Zwiebeln und Knoblauch ca. 1 Minute mitbraten. 2 EL Zucker darüberstreuen und karamellisieren. Tomatenmark einrühren. Mit Essig, Rotwein und Tomaten ablöschen. Mit Salz und Pfeffer würzen. Aufkochen und bei schwacher Hitze ca. 25 Minuten einkochen.

2 FÜR DIE TARTE 8 Zwiebeln schälen und quer halbieren. Rosmarin waschen und die Nadeln abstreifen. 3 EL Zucker in einer ofenfesten Pfanne (24 cm Ø) karamellisieren. Zwiebelhälften mit der Schnittfläche nach unten in den Karamell legen. Mit Salz und Pfeffer würzen. Im vorgeheizten Backofen (E-Herd: 200 °C/Umluft: 180 °C/Gas: s. Hersteller) ca. 15 Minuten backen.

3 Pfanne aus dem Ofen nehmen. Rosmarin und Butter in Stückchen auf den Zwiebeln verteilen. Teig samt Backpapier entrollen und einen Kreis (ca. 26 cm Ø) ausschneiden, dabei den Teig etwas auseinanderziehen. Auf die Zwiebeln legen (Vorsicht, heiß!) und am Rand leicht andrücken. Tarte bei gleicher Temperatur 15–18 Minuten goldbraun backen. Vorsichtig auf eine Platte stürzen. Speckmarmelade dazu reichen.

ZUBEREITUNGSZEIT ca. 50 Min.
STÜCK ca. 250 kcal
E 5 g · F 15 g · KH 23 g

FRANKREICH – QUICHES & TARTES

Käse-Quiches

ZUTATEN FÜR 6 STÜCK
- 175 g Mehl
- Salz
- 175 g kalte + 2 EL Butter
- Mehl zum Ausrollen
- Fett für die Förmchen
- 50–75 g Frühstücksspeck (Bacon)
- 125 g Hartkäse (z. B. Comté; Stück)
- 2 Eier + 2 Eigelb (Gr. M)
- 250 g Schlagsahne
- Pfeffer
- Muskat
- Backpapier
- getrocknete Hülsenfrüchte zum Blindbacken

1 FÜR DEN TEIG Mehl, ¼ TL Salz und 175 g kalte Butter in Stückchen mit kühlen Händen zu Streuseln reiben. 3–5 EL eiskaltes Wasser zugießen und alles schnell glatt verkneten. Teig zugedeckt ca. 1 Stunde kalt stellen.

2 Teig auf wenig Mehl ca. 3 mm dick ausrollen. Sechs Kreise (à ca. 13 cm Ø) ausstechen. Sechs gefettete Quicheförmchen (à ca. 11 cm Ø) damit auslegen und Teig am Rand andrücken. Teig am Boden mit einer Gabel mehrmals einstechen. Ca. 1 Stunde kalt stellen.

3 Die Teigböden jeweils mit Backpapier belegen. Mit Hülsenfrüchten beschweren. Im vorgeheizten Backofen (E-Herd: 200 °C/Umluft: 180 °C/Gas: s. Hersteller) ca. 15 Minuten blindbacken. Backpapier samt Hülsenfrüchten entfernen. Böden ca. 5 Minuten weiterbacken und herausnehmen.

4 FÜR DIE FÜLLUNG Speck in Streifen schneiden und in einer Pfanne ohne Fett knusprig braten. Auf Küchenpapier abtropfen lassen. Käse fein reiben. Eier, Eigelb, Sahne, ½ TL Salz, Pfeffer und Muskat verquirlen. 100 g Käse unterrühren.

5 Speck auf den Teigböden verteilen. Eierguss darübergießen. Mit Rest Käse bestreuen. 2 EL Butter in Flöckchen daraufsetzen. Im vorgeheizten Backofen (E-Herd: 180 °C/Umluft: 160 °C/Gas: s. Hersteller) 20–25 Minuten backen.

ZUBEREITUNGSZEIT ca. 1 ½ Std. + Wartezeit ca. 2 Std.
STÜCK ca. 670 kcal
E 15 g · F 55 g · KH 23 g

Weißkohl-Tartelettes

ZUTATEN FÜR 6 STÜCK
- 200 g + 1 EL Mehl
- Salz
- 100 g + 1 EL Butter
- 1 Eigelb (Gr. M)
- 300 g Weißkohl
- 175 ml Milch
- 1 EL (ca. 30 g) Crème fraîche
- Pfeffer
- Muskat
- Mehl zum Ausrollen
- Fett und Mehl für die Förmchen
- 150 g Ziegenfrischkäse

1 FÜR DEN TEIG 200 g Mehl, 1 Prise Salz, 100 g kalte Butter in Stückchen, Eigelb, 3 EL kaltes Wasser zu einem glatten Teig verkneten. Zugedeckt ca. 30 Minuten kalt stellen.

2 FÜR DIE FÜLLUNG Kohl waschen und in sehr feinen Streifen vom Strunk hobeln bzw. schneiden. In kochendem Salzwasser 8–10 Minuten garen. Abschrecken und gut abtropfen lassen.

3 1 EL Mehl in 1 EL heißer Butter hell anschwitzen. Milch einrühren, aufkochen und ca. 3 Minuten köcheln. Crème fraîche einrühren und kurz köcheln. Soße mit Salz, Pfeffer und Muskat kräftig würzen.

4 Teig auf Mehl dünn ausrollen. Sechs Kreise (ca. 14 cm Ø) ausstechen. In sechs gefettete, mit Mehl ausgestäubte Tartelette-Förmchen (à ca. 12 cm Ø) legen, andrücken und mehrmals einstechen. Im vorgeheizten Backofen (E-Herd: 200 °C/Umluft: 180 °C/Gas: s. Hersteller) ca. 15 Minuten vorbacken. Aus dem Ofen nehmen.

5 75 g Käse in sechs Scheiben schneiden. 75 g Käse würfeln, mit Soße und Kohl mischen. In die Förmchen füllen. Jeweils eine Käsescheibe darauflegen und die Tartelettes ca. 15 Minuten bei gleicher Temperatur goldbraun backen.

ZUBEREITUNGSZEIT ca. 1 ¾ Std.+
Wartezeit ca. 30 Min.
STÜCK ca. 520 kcal
E 11 g · F 39 g · KH 28 g

FRANKREICH – QUICHES & TARTES

Zucchini-Thunfisch-Tarte
mit Ziegenfrischkäse

ZUTATEN FÜR CA. 12 STÜCKE
- 250 g Mehl ♥ Salz
- 125 g kalte Butter
- 4 Eier (Gr. M)
- 3 Zucchini (à ca. 200 g)
- 2 EL Öl
- Pfeffer
- 2 Dosen (à 185 g) Thunfisch im eigenen Saft
- 4 Stiele Dill
- 250 g Schlagsahne
- Mehl für die Arbeitsfläche
- Fett und Mehl für die Form
- 2 EL Semmelbrösel
- 200 g Ziegenfrischkäse
- Frischhaltefolie

1 FÜR DEN TEIG Mehl, 1 Prise Salz, Butter in Stückchen und 1 Ei erst mit den Knethaken des Rührgeräts, dann mit den Händen zu einem glatten Teig verkneten. In Folie gewickelt ca. 1 Stunde kalt stellen.

2 FÜR DIE FÜLLUNG Zucchini waschen und in dünne Scheiben schneiden. Öl in einer Pfanne erhitzen. Zucchini darin ca. 2 Minuten anbraten. Mit Salz und Pfeffer würzen, herausnehmen.

3 Thunfisch abtropfen lassen. Dill waschen und fein schneiden. 3 Eier, Sahne und Dill verquirlen.

4 Teig auf etwas Mehl rund (ca. 30 cm Ø) ausrollen und in eine gefettete, mit Mehl ausgestäubte Springform (24 cm Ø) legen. Teigränder gut andrücken. Teigboden mit einer Gabel mehrmals einstechen und Semmelbrösel daraufstreuen. Thunfisch und Zucchini auf dem Teigboden verteilen. Eiersahne darübergießen. Frischkäse darauf verteilen. Im vorgeheizten Backofen (E-Herd: 180 °C/Umluft: 160 °C/Gas: s. Hersteller) ca. 45 Minuten backen.

ZUBEREITUNGSZEIT ca. 1¼ Std. + Wartezeit ca. 45 Min.
STÜCK ca. 380 kcal
E 13 g · F 28 g · KH 18 g

Desserts

Süßes Finale typisch à la française mit Crêpes Suzette, cremig gefüllten Eclairs und sahniger Crème brulée – das schmeckt wie der Himmel auf Erden

Crêpes Suzette mit Orangen-Karamellsoße

ZUTATEN FÜR 4 PERSONEN
- 150 g Mehl
- 4 EL Zucker ♥ Salz
- 2 Eier (Gr. M)
- 150 ml Milch
- 5 EL Mineralwasser mit Kohlensäure
- 3 Orangen (davon 1 bio)
- 3 EL Butter
- 4 EL Orangenlikör

1 FÜR DEN TEIG Mehl, 1 EL Zucker, 1 Prise Salz und Eier verrühren. Milch und Mineralwasser nach und nach unterrühren. Teig ca. 15 Minuten quellen lassen.

2 FÜR DIE SOSSE Bio-Orange waschen. Erst die Schale in Streifen abziehen, dann die Orange in Scheiben schneiden. 2 Orangen auspressen. 3 EL Zucker in einer Pfanne hellgelb karamellisieren. 2 EL Butter, Orangensaft und Likör zufügen. So lange köcheln, bis der Karamell sich gelöst hat. Orangenscheiben und -schale darin ca. 1 Minute dünsten.

3 FÜR DIE CRÊPES 1 EL Butter portionsweise in einer kleinen Pfanne erhitzen. Aus dem Teig darin nacheinander 12 hauchdünne Crêpes backen, in der Orangensoße wenden, zu Vierteln falten und warm stellen. Crêpes heiß servieren.

ZUBEREITUNGSZEIT ca. 1 Std.
PORTION ca. 330 kcal
E 9 g · F 9 g · KH 47 g

FRANKREICH – DESSERTS

Eclairs mit Kaffeecreme

ZUTATEN FÜR CA. 24 STÜCK
- 500 ml Milch
- 3 TL Espressopulver (instant)
- ¼ TL Kakao
- 4 Eigelb (Gr. M)
- 100 g + 1 EL Zucker
- 35 g Speisestärke
- 50 g Butter
- Salz
- 150 g Mehl
- 4 Eier (Gr. M)
- 200 g Puderzucker
- *Frischhaltefolie*
- *Backpapier*

1 Milch erhitzen. FÜR DEN GUSS 1 TL Espressopulver, Kakao und 3–4 EL heiße Milch verrühren. FÜR DIE KAFFEECREME Eigelb, 100 g Zucker und Stärke verrühren. Etwas heiße Milch unter Rühren zugießen, dann alles zurück zur übrigen Milch in den Topf gießen. 2 TL Espressopulver darin auflösen. Mischung unter Rühren vorsichtig aufkochen, in eine Schüssel füllen und die Oberfläche direkt mit Folie bedecken. Abkühlen lassen und ca. 45 Minuten kalt stellen.

2 FÜR DEN BRANDTEIG 250 ml Wasser, Butter in Stückchen, 1 EL Zucker und 1 Prise Salz aufkochen. Mehl mit einem Kochlöffel unterrühren und so lange rühren, bis sich der Teig als Kloß vom Topfboden löst und sich ein heller Belag gebildet hat. Teig in eine Schüssel geben. 1 Ei unterrühren. Teig ca. 5 Minuten abkühlen lassen.

3 3 Eier einzeln unter den Teig rühren. Brandteig in einen Spritzbeutel mit mittlerer Lochtülle füllen und in Streifen (ca. 10 cm lang) auf ein mit Backpapier ausgelegtes Backblech spritzen. Im vorgeheizten Backofen (E-Herd: 200 °C/Umluft: 180 °C/Gas: s. Hersteller) 25–30 Minuten backen. Eclairs mit einer Schere aufschneiden und abkühlen lassen.

4 Espressomilch und Puderzucker zu einem dicken Guss verrühren. Oberseite der Eclairs in den Guss tunken und kurz trocknen lassen. Creme in einen Spritzbeutel füllen. Creme auf den Boden spritzen, Deckel daraufsetzen.

ZUBEREITUNGSZEIT ca. 1 Std. + Wartezeit ca. 45 Min.
STÜCK ca. 130 kcal
E 3 g · F 5 g · KH 20 g

Honigkuchen-*Tarte-Tatin*

ZUTATEN FÜR 6 STÜCKE
- 200 g Butter
- 100 g + 150 g + 4 EL flüssiger Honig
- 3 Eier (Gr. M)
- 50 g Zucker
- 150 g Mehl
- 1 Päckchen Trockenhefe
- 3 säuerliche Äpfel (z. B. Boskop)
- 4 EL Zitronensaft
- 2 TL heller Sesam

1 FÜR DEN TEIG Butter bei schwacher Hitze schmelzen. 100 g Honig, Eier und Zucker ca. 2 Minuten mit den Schneebesen des Rührgeräts verrühren. Mehl und Trockenhefe in einer Schüssel mischen. Mit der flüssigen Butter unter die Honigmischung rühren.

2 Äpfel waschen, schälen, halbieren, entkernen und in feine Scheiben schneiden. Apfelscheiben mit Zitronensaft beträufeln.

3 150 g Honig in einer Tarteform (26 cm Ø) erhitzen. Äpfel darin wenden und leicht karamellisieren lassen. Teig auf den Äpfeln verteilen. Im vorgeheizten Backofen (E-Herd: 180 °C/Umluft: 160 °C/Gas: s. Hersteller) 30–40 Minuten backen. Lauwarm abkühlen lassen und stürzen.

4 Sesam in einer Pfanne ohne Fett rösten. Kuchen mit 4 EL Honig beträufeln. Mit Sesam bestreuen.

ZUBEREITUNGSZEIT ca. 1 ¼ Std.
STÜCK ca. 370 kcal
E 11 g · F 24 g · KH 29 g

FRANKREICH – DESSERTS

Espresso-Crème-brulée

ZUTATEN FÜR 4 PERSONEN
- 1 Vanilleschote
- 150 ml Milch
- 300 g Schlagsahne
- 4 EL + 4 TL Zucker
- 2 EL Espressopulver (instant)
- 2 Eier + 2 Eigelb (Gr. M)

1 Vanilleschote längs aufschneiden und Mark herauskratzen. Beides mit Milch, Sahne, 4 EL Zucker und Espressopulver erhitzen.

2 Eier und Eigelb verquirlen. Vanilleschote entfernen. Die heiße Espressosahne mit dem Schneebesen nach und nach unter die Eier rühren. In vier ofenfeste Förmchen (à ca. 150 ml Inhalt) gießen und auf die Fettpfanne stellen. Heißes Wasser angießen, bis die Förmchen zu ¾ im Wasser stehen. Im vorgeheizten Backofen (E-Herd: 140 °C/ Umluft: 120 °C/Gas: s. Hersteller) ca. 1 Stunde stocken lassen. Abkühlen lassen und mindestens 6 Stunden kalt stellen.

3 Crème mit je 1 TL Zucker bestreuen. Mit einem Küchengasbrenner oder unter dem heißen Backofengrill auf oberster Schiene karamellisieren. Sofort servieren.

ZUBEREITUNGSZEIT ca. 1½ Std. + Wartezeit mind. 7 Std.
PORTION ca. 410 kcal
E 9 g · F 32 g · KH 19 g

Warenkunde: Kräuter und Gewürze

Unter den vielen Zutaten der Mittelmeerküche spielen Kräuter und Gewürze eine besondere Rolle. Sie geben vielen Gerichten erst ihren typischen, unverwechselbaren Geschmack. Wir stellen die wichtigsten vor

BASILIKUM
Intensiv frisch-aromatisch, mit leichter Schärfe, unterstützt das Kraut viele Zutaten. Passt zu *Tomaten, Knoblauch, Geflügel oder Pasta. Blättchen dazu grob zerzupfen und zum Schluss über die Gerichte geben, so bleibt das Aroma optimal erhalten.*

FENCHEL
Seine zarten Blattspitzen werden als Kraut, seine Samen mit anisartigem Aroma als Gewürz und die Blattscheiden als Gemüse verwendet. Passt zu *Fleisch- und Fischgerichten sowie süßen Backwaren. Das Kraut können Sie sowohl frisch als auch getrocknet, die Samen ganz oder gemahlen einsetzen.*

KÜMMEL
Er duftet aromatisch, schmeckt leicht scharf und besitzt eine süßliche Note. Passt zu *fettigen Fleischgerichten, Brot oder Käsegerichten. Sein Aroma entfaltet sich am besten, wenn man die ganzen Körner frisch zerstößt.*

KREUZKÜMMEL
Er besitzt einen würzig-süßen Duft mit leicht bitter-scharfem Geschmack. Passt zu *Couscous, Suppen, Eintöpfen, Fleisch, Geflügel und Backwaren. Geröstet entfaltet das Gewürz sein volles Aroma, gemahlen gehört es zu zahlreichen Würzmischungen.*

MINZE
Ihre Heilkraft und ihr Aroma faszinierten schon die Ägypter. Für den frisch-süßlichen, leicht scharf brennenden und kühlenden Effekt sorgen ätherische Öle. Passt zu *Joghurt, Lamm, Couscous, Ziegen- und Frischkäse, Soßen, Eis, Obst, Salat. Blätter stets frisch hacken und sparsam dosieren.*

MAJORAN
Die getrockneten Blättchen des leicht bitter-würzig schmeckenden Krauts kommen oft beim Aromatisieren von deftiger Wurst zum Einsatz. Passt zu *Tomaten, Geflügel, Schweinefleisch, Gemüse. Blätter sind frisch und getrocknet sehr würzintensiv, einfach überstreuen.*

ROSMARIN
Seine harten, nadelartigen Blätter verströmen einen herben Duft, der an Kampfer, Eukalyptus und Pinie erinnert. Passt zu *Käse, Schmorfleisch, Pasta, Kartoffeln. Nadeln fein hacken oder ganze Zweige mitschmoren.*

OREGANO
Die kleinen, pelzigen Blättchen verströmen ein blumig-erdiges Aroma mit einer pfeffrig-bitteren Note. Passt zu *Pizza, Hülsenfrüchten, Grillfleisch, Ziegen- und Schafskäse, Pasta. Oregano ist sowohl frisch als auch getrocknet aromatisch und hitzebeständig.*

SALBEI
Besitzt angenehm harzige, fein bittere, leicht kampferartige Aromen. Passt zu *Tomaten, Geflügel, Schweinefleisch, Lamm, Käse, Gemüse, Wild und Pasta. Die robusten Blättchen schmecken frisch gehackt, aber auch mitgekocht oder frittiert.*

THYMIAN
Ausdrucksstark und leicht harzig-süßlich im Aroma. Passt zu *Fisch, Grill- und Schmorfleisch, Wurst, Ziegenkäse, Hülsenfrüchten, Tomaten, Gemüse. Hat sowohl frisch, getrocknet als auch mitgekocht intensive Würzkraft.*

Fiesta española

Spaniens Küche bedeutet Lebensfreude pur: ob würzige Hauptgerichte, die fantastischen Tapas oder feine Süßspeisen. Hier können Sie die iberische Halbinsel kulinarisch entdecken

Hauptgerichte

Einfach delicioso, wie die Einheimischen sagen, diese Fleisch-, Fisch- und Gemüsegerichte – und immer wieder mit spanischem Temperament gewürzt

SPANIEN – HAUPTGERICHTE

Schweinelende
mit Sobrasada

ZUTATEN FÜR 6–8 PERSONEN
- 1,5 kg neue Kartoffeln
- ca. 325 g Meersalz
- 1 kg Schweinefilet
- 350 g Sobrasada (s. Tipp)
- 5 Fleischtomaten
- 2 Knoblauchzehen
- 3 Stiele Thymian
- 4 EL Olivenöl • Pfeffer
- 2 Lorbeerblätter
- 1½ TL Edelsüßpaprika
- 200 ml trockener Weißwein
- 3 Dosen (à 425 ml) große weiße Bohnenkerne
- 1 Bund Lauchzwiebeln
- 2 EL Sherryessig
- Zucker

1 FÜR DIE SALZKARTOFFELN (PAPAS ARRUGADAS) Kartoffeln gründlich waschen. 325 g Salz in 1½ l Wasser auflösen. Kartoffeln zufügen, alles aufkochen und offen bei mittlerer Hitze ca. 20 Minuten kochen.

2 FÜR DAS FLEISCH Filet trocken tupfen und würfeln. Wurst aus der Haut lösen, in Scheiben schneiden. Tomaten waschen, vierteln, entkernen und würfeln. Knoblauch schälen, in Scheiben schneiden. Thymian waschen, Blättchen abzupfen.

3 2 EL Öl in einem Bräter erhitzen. Fleisch darin 4–5 Minuten braten. Wurst und Knoblauch 3–4 Minuten mitbraten. Mit Salz und Pfeffer würzen. Hälfte Tomaten zufügen. Thymian, Lorbeer, Edelsüßpaprika und Wein unterrühren. Aufkochen. Zugedeckt bei schwacher Hitze ca. 15 Minuten schmoren.

4 FÜR DAS GEMÜSE Bohnen abgießen und abspülen. Lauchzwiebeln waschen und in Ringe schneiden. 2 EL Öl in einem Topf erhitzen. Bohnen und Lauchzwiebeln darin andünsten, ca. 5 Minuten weiterdünsten. Übrige Tomaten unterheben. Alles mit Salz, Pfeffer, Essig und 1 Prise Zucker abschmecken.

5 Kartoffeln abgießen und auf dem Herd gut abdämpfen lassen, damit eine Salzkruste entsteht. Fleisch mit Salz und Pfeffer abschmecken. Alles anrichten.

ZUBEREITUNGSZEIT ca. 1 Std.
PORTION ca. 600 kcal
E 48 g · F 24 g · KH 40 g

TYPISCHE WURST
Die Sobrasada gilt als Nationalwurst der Balearen. Scharfes Paprikapulver verleiht dem weichen Brät seine kräftige Würze und die rötliche Farbe. Die Wurst gibt es z. B. bei www.fetasoller.com

Rotbarben *auf mallorquinische Art*

ZUTATEN FÜR 4 PERSONEN
- 750 g Kartoffeln
- 7 EL Olivenöl
- Salz ♥ Pfeffer
- 1 große Zwiebel
- 2 Knoblauchzehen
- 3–4 rote Paprikaschoten
- 4 Stiele Thymian
- 1 TL Edelsüßpaprika
- 1 TL Anissamen
- 250 ml trockener Weißwein
- 5 Stiele Petersilie
- 8 Rotbarbenfilets (à ca. 100 g)
- 2 EL Mehl

1 Kartoffeln schälen, waschen und in dünne Scheiben hobeln oder schneiden. 2 EL Öl in einer großen Pfanne erhitzen. Kartoffeln darin 10–15 Minuten goldbraun braten. Mit Salz und Pfeffer würzen. In einer großen Auflaufform gleichmäßig verteilen.

2 Zwiebel und Knoblauch schälen. Paprika vierteln, entkernen und waschen. Alles in feine Würfel schneiden. Thymian waschen und abzupfen. 2 EL Öl in der Pfanne erhitzen. Zwiebel, Knoblauch und Paprika darin ca. 5 Minuten andünsten. Mit Thymian, Edelsüßpaprika, Anis, Salz und Pfeffer würzen. Wein angießen. Alles aufkochen und offen ca. 5 Minuten köcheln. Petersilie waschen, hacken und unterrühren.

3 Fischfilets abspülen und trocken tupfen. Mit Salz und Pfeffer würzen. Im Mehl wenden und das überschüssige Mehl leicht abklopfen. 3 EL Öl in einer Pfanne erhitzen. Filets darin pro Seite ca. 2 Minuten braten.

4 Fisch auf die Kartoffeln legen und das Gemüse darauf verteilen. Im vorgeheizten Backofen (E-Herd: 180 °C/Umluft: 160 °C/Gas: s. Hersteller) ca. 15 Minuten backen.

ZUBEREITUNGSZEIT ca. 1 Std.
PORTION ca. 530 kcal
E 39 g · F 22 g · KH 31 g

SPANIEN – HAUPTGERICHTE

Feuriges Piri-Piri-Kaninchen

ZUTATEN FÜR 4–6 PERSONEN
- 2 Zwiebeln
- 6 Knoblauchzehen
- 6 EL Olivenöl
- 2 TL Edelsüßpaprika
- 1 TL Salz
- 1 TL Zucker
- 6 rote Chilischoten
- 1 küchenfertiges Kaninchen (ca. 1,3 kg)
- 2 Kaninchenkeulen (à ca. 250 g)
- 1 kleiner Zweig Lorbeerblätter

1 Zwiebeln und Knoblauch schälen, Zwiebeln in Stücke schneiden. Öl mit Edelsüßpaprika, Salz und Zucker verrühren. 2 Chilischoten längs halbieren, entkernen, waschen und fein hacken. Mit dem Öl verrühren.

2 Vom Kaninchen Vorder- und Hinterläufe abtrennen und Rücken in vier Stücke teilen. Alle Kaninchenteile abspülen und trocken tupfen. Mit Chiliöl einstreichen.

3 Zwiebeln, Knoblauch und Kaninchenteile in einen großen Bräter oder eine Auflaufform geben. 4 Chilischoten waschen. Mit Lorbeer um das Fleisch verteilen. Im vorgeheizten Backofen (E-Herd: 200 °C/Umluft: 180 °C/Gas: s. Hersteller) ca. 45 Minuten braten. Kaninchenteile während der Bratzeit ab und zu mit restlichem Chiliöl bestreichen. Dazu schmecken Weißbrot und ein gemischter Salat.

ZUBEREITUNGSZEIT ca. 1 ¼ Std.
PORTION ca. 430 kcal
E 48 g · F 24 g · KH 3 g

Kabeljau *im Tomaten-Chorizo-Sud*

ZUTATEN FÜR 4 PORTIONEN
- 2 Zwiebeln
- 3 Knoblauchzehen
- 200 g Chorizo (Stück)
- 1 EL Tomatenmark
- 300 ml trockener Rotwein
- 2 Dosen (à 400 g) stückige Tomaten
- 3 EL Apfelessig
- Salz ♥ Pfeffer
- 1 Dose (425 ml) Kichererbsen
- 600 g Kabeljaufilet (ohne Haut; Stück)
- 1 TL Zucker
- eventuell Oregano zum Garnieren

1 Zwiebeln schälen und grob würfeln. Knoblauch schälen und fein hacken. Haut von der Chorizo abziehen, Wurst in dicke Scheiben schneiden und in einem großen Topf ohne Fett unter Wenden ca. 1 Minute kräftig anbraten. Zwiebeln und Knoblauch zugeben, ca. 1 Minute anbraten. Tomatenmark einrühren und kurz anschwitzen. Mit Rotwein und Tomaten ablöschen. Alles aufkochen. Mit Essig, Salz und Pfeffer würzen und ca. 20 Minuten köcheln.

2 Kichererbsen abgießen und abspülen. Fisch abspülen, trocken tupfen und in ca. acht gleich große Stücke schneiden. Kichererbsen ca. 8 Minuten vor Ende der Garzeit in den Eintopf geben und unterrühren. Fisch vorsichtig zugeben, leicht in den Sud drücken, sodass er mit Flüssigkeit halb bedeckt ist. Alles zugedeckt zu Ende garen.

3 Eintopf nochmals mit Salz, Pfeffer und Zucker abschmecken. Eventuell mit Oregano anrichten.

ZUBEREITUNGSZEIT ca. 45 Min.
PORTION ca. 480 kcal
E 43 g · F 18 g · KH 21 g

WURST-VIELFALT
Die spanische Paprikawurst gibt es in zahlreichen Varianten: mild oder scharf, weich oder hart, mit unterschiedlich hohem Fettgehalt. Durchprobieren lohnt sich!

SPANIEN – HAUPTGERICHTE

Rindfleischtopf *mit Kichererbsen*

ZUTATEN FÜR 4 PERSONEN
- 300 g Rindfleisch (z. B. aus der Keule)
- Salz
- 1 TL schwarze Pfefferkörner
- 3 Lorbeerblätter
- 300 g Hähnchenfilet
- 750 g Kartoffeln
- 1 Gemüsezwiebel
- 2 Knoblauchzehen
- 1 große grüne Paprikaschote
- 3 Tomaten
- 2 Möhren
- 4 EL Olivenöl
- 2 EL Tomatenmark
- 100 ml Weißwein
- 1 TL Gemüsebrühe (instant)
- Pfeffer
- 2 Gewürznelken
- 1 TL Edelsüßpaprika
- 1 Dose (425 ml) Kichererbsen
- eventuell Thymian zum Garnieren

1 Rindfleisch trocken tupfen und in einem Topf mit Wasser bedecken. Salz, Pfefferkörner und Lorbeer zugeben. Aufkochen und ca. 1 Stunde köcheln. Hähnchenfilet abspülen und nach ca. 30 Minuten Garzeit mitkochen. Gesamtes Fleisch herausheben.

2 Kartoffeln schälen, waschen und in feine Würfel (ca. 1,5 cm) schneiden. In Salzwasser ca. 10 Minuten garen, abgießen.

3 Zwiebel und Knoblauch schälen und fein würfeln. Paprika vierteln, entkernen, waschen und in kleine Würfel schneiden. Tomaten kreuzweise einritzen, überbrühen, abschrecken, häuten und in Würfel schneiden. Möhren schälen, waschen und in Scheiben schneiden.

4 Öl in einem Bräter erhitzen. Zwiebel und Knoblauch darin glasig dünsten. Vorbereitetes Gemüse kurz mitdünsten. Tomatenmark einrühren und anschwitzen. Mit Weißwein und 200 ml Wasser ablöschen. Aufkochen und Brühe einrühren. Mit Salz, Pfeffer, Nelken und Edelsüßpaprika würzen. Ca. 6 Minuten köcheln.

5 Kichererbsen abgießen, abspülen. Fleisch in kleine Stücke zupfen. Mit Kichererbsen und Kartoffeln im Eintopf erhitzen. Mit Salz und Pfeffer abschmecken. Nach Belieben mit Thymian garnieren.

ZUBEREITUNGSZEIT ca. 1¾ Std.
PORTION ca. 640 kcal
E 43 g · F 24 g · KH 52 g

SPANIEN – HAUPTGERICHTE

Spanische Paella
mit Meeresfrüchten

ZUTATEN FÜR 4 PERSONEN
- 300 g TK-Frutti-di-Mare (Mischung; z. B aus Garnelen, Tintenfischringen, Muscheln)
- 1 Zwiebel
- 2 Knoblauchzehen
- 200 g grüne Bohnen
- 1 rote Paprikaschote
- 150 g Chorizo (Stück)
- 4 Hähnchenunterkeulen
- Salz ♥ Pfeffer
- 4 EL Olivenöl
- 250 g Paella- oder Risottoreis
- 1 Messerspitze Safranfäden oder 1 Döschen gemahlener Safran (0,1 g)
- 150 g TK-Erbsen
- 400 g frische Miesmuscheln

1 Meeresfrüchte in einem Sieb auftauen lassen. Zwiebel und Knoblauch schälen, fein würfeln. Gemüse waschen. Bohnen in Stücke, Paprika in Streifen schneiden. Haut von der Chorizo abziehen, Wurst in Scheiben schneiden. Keulen abspülen, trocken tupfen, mit Salz und Pfeffer einreiben.

2 2 EL Öl in einer Paellapfanne oder großen Pfanne mit hohem Rand (ca. 35 cm Ø) erhitzen. Chorizo darin 1–2 Minuten braten, herausnehmen. Keulen im Bratfett rundherum kräftig anbraten, herausnehmen. Meeresfrüchte trocken tupfen und im Bratfett 2–3 Minuten braten. Mit Salz und Pfeffer würzen, herausnehmen.

3 2 EL Öl in der Pfanne erhitzen. Zwiebel, Knoblauch und Paprika darin 2–3 Minuten anbraten. Reis kurz mitdünsten. 1 l Wasser aufkochen, Safran und ½ TL Salz einrühren, zugießen. Alles unter Rühren aufkochen. Meeresfrüchte, Keulen, Wurst, Bohnen und gefrorene Erbsen zufügen. Die Paella bei schwacher Hitze ohne Rühren 20–30 Minuten köcheln.

4 Inzwischen Miesmuscheln unter fließendem kalten Wasser abbürsten. Geöffnete oder beschädigte Muscheln aussortieren. Nach ca. 10 Minuten Garzeit Muscheln in die Pfanne geben. Die Paella ist fertig, wenn der Reis alle Flüssigkeit aufgesogen hat.

5 Paella mit einem Geschirrtuch zudecken und 5–8 Minuten ruhen lassen. Geschlossene Miesmuscheln aussortieren. Paella mit Salz und Pfeffer abschmecken.

ZUBEREITUNGSZEIT ca. 1 ¼ Std.
PORTION ca. 620 kcal
E 35 g · F 28 g · KH 58 g

Wurst häuten
Chorizo ist mittlerweile in vielen Supermärkten erhältlich. Die dünne Haut kann man eigentlich mitessen. Damit die Scheiben jedoch zarter werden, die Pelle mit einem Messer abziehen.

Reis andünsten
Zwiebel, Knoblauch und Paprika kurz dünsten, bis sie etwas weich geworden sind. Dann Reis unterrühren. Nach ca. 30 Sekunden sind die Körner rundum vom Bratfett überzogen und leicht glasig.

Angießen
Das heiße Safranwasser zugießen. Die Fäden bzw. das Pulver haben das Wasser leuchtend gelb gefärbt, das Aroma verteilt sich so gleichmäßig in der Paella.

Ruhen lassen
Die fertige Paella noch einige Minuten ruhen lassen. So quillt der Reis vollends aus, er soll nämlich körnig bleiben. Das Geschirrtuch saugt entstehendes Kondenswasser auf.

Gemüsekuchen *vom Blech*

ZUTATEN FÜR CA. 20 STÜCKE
- ♥ 200 g TK-Blattspinat
- ♥ 500 g Mehl
- ♥ 1 Würfel (42 g) Hefe
- ♥ 1 TL Zucker
- ♥ 250 ml + 7 EL Öl
- ♥ Salz
- ♥ 2–3 Tomaten
- ♥ 1 große grüne Paprikaschote
- ♥ 400 g Porree
- ♥ 3–4 Knoblauchzehen
- ♥ 1 Bund glatte Petersilie
- ♥ Pfeffer
- ♥ 4 EL Zitronensaft
- ♥ Fett fürs Backblech

1 Spinat auftauen lassen. **FÜR DEN TEIG** Mehl in eine Schüssel geben, in die Mitte eine Mulde drücken und die Hefe hineinbröckeln. Zucker und 100 ml lauwarmes Wasser zufügen und mit etwas Mehl zum Vorteig verrühren. Zugedeckt an einem warmen Ort ca. 15 Minuten gehen lassen.

2 250 ml Öl und 1 Prise Salz zum Vorteig geben. Alles zu einem glatten Teig verkneten. Zugedeckt an einem warmen Ort mindestens 45 Minuten gehen lassen.

3 **FÜR DEN BELAG** Tomaten waschen, entkernen und würfeln. Paprika vierteln und entkernen. Paprika und Porree waschen und in feine Streifen bzw. dünne Ringe schneiden. Knoblauch schälen, Petersilie waschen und beides fein hacken.

4 Spinat ausdrücken. Gesamtes Gemüse und Knoblauch in 4 EL heißem Öl ca. 3 Minuten braten. Mit Salz, Pfeffer und Zitronensaft würzen. Petersilie zufügen. Gemüse abkühlen lassen.

5 Teig nochmals gut durchkneten und auf einem gefetteten Backblech (ca. 35 x 40 cm) ausrollen. Gemüse darauf verteilen. Mit 3 EL Öl beträufeln. Im vorgeheizten Backofen (E-Herd: 180 °C/Umluft: 160 °C/Gas: s. Hersteller) ca. 40 Minuten backen.

ZUBEREITUNGSZEIT ca. 1¾ Std. + Wartezeit mind. 1 Std.
STÜCK ca. 240 kcal
E 3 g · F 16 g · KH 19 g

SPANIEN – HAUPTGERICHTE

Patatas à la Riojana mit Kichererbsen

ZUTATEN FÜR 4 PERSONEN
- ♥ 2 Zwiebeln
- ♥ 4–5 Knoblauchzehen
- ♥ 250 g Chorizo (Stück)
- ♥ 1 kg festkochende Kartoffeln
- ♥ 6 EL Olivenöl
- ♥ 2 TL klare Brühe (instant)
- ♥ Pfeffer
- ♥ eventuell Petersilie zum Garnieren

1 Zwiebeln und Knoblauch schälen. Zwiebeln fein würfeln, Knoblauch in Stifte schneiden. Haut von der Chorizo abziehen, Wurst in kleine Stücke schneiden. Kartoffeln schälen, waschen und in grobe Stücke schneiden.

2 4 EL Öl in einem Bräter erhitzen. Chorizo, Zwiebeln und Knoblauch darin unter Rühren scharf anbraten. 2 EL Öl zufügen. Kartoffeln kurz mitdünsten. Mit 500 ml Wasser ablöschen und aufkochen. Brühe einrühren. Ca. 25 Minuten köcheln. Kartoffeln mit Salz und Pfeffer abschmecken. Nach Belieben mit Petersilie bestreuen.

ZUBEREITUNGSZEIT ca. 1 Std.
PORTION ca. 540 kcal
E 18 g · F 37 g · KH 32 g

Tapas

>>>>>>>>>>>>>>>>>>>>>>>><<<<<<<<<<<<<<<

Die kleinen Happen passen perfekt zu einem Glas Sherry und sind die idealen Starter für ein spanisches Essen in gemütlicher Runde

SPANIEN – TAPAS

Mallorquinisches Tapas-Buffet

1 Doradenfilets auf buntem Tomatensalat

ZUTATEN FÜR 4 PERSONEN
- 250 g Tomaten
- 1 Zwiebel ♥ 2 Knoblauchzehen
- 60 g schwarze Oliven (ohne Stein)
- 1 kleines Bund Petersilie
- 4 EL Zitronensaft
- 5 EL Olivenöl
- feines Meersalz (z. B. Flor de Sal)
- Pfeffer
- 4 Doradenfilets mit Haut (ca. 500 g)

1 FÜR DEN SALAT Tomaten waschen, vierteln, entkernen und fein würfeln. Zwiebel und Knoblauch schälen und fein würfeln. Oliven hacken. Petersilie waschen und grob hacken. Alles mit Zitronensaft und 3 EL Öl mischen. Mit Salz und Pfeffer würzen.

2 FÜR DEN FISCH Filets abspülen, trocken tupfen und in 8–12 Stücke schneiden. 2 EL Öl in einer Pfanne erhitzen. Fisch darin erst auf der Haut 1–2 Minuten knusprig braten, dann vorsichtig wenden und ca. 1 Minute weiterbraten. Mit Salz und Pfeffer würzen. Doradenfilets auf dem Tomatensalat anrichten.

ZUBEREITUNGSZEIT ca. 25 Min.
PORTION ca. 280 kcal
E 25 g · F 18 g · KH 3 g

2 Pimientos de Padrón

ZUTATEN FÜR 4 PERSONEN
- 200 g Pimientos de Padrón (kleine grüne Bratpaprika)
- 8–10 EL Olivenöl
- feines Meersalz (z. B. Flor de Sal)

1 Pimientos waschen und gut trocken tupfen. Öl in einer Pfanne erhitzen. Pimientos darin rundherum kräftig braten, bis die Schale Blasen wirft. Pimientos mit Meersalz bestreuen.

ZUBEREITUNGSZEIT ca. 10 Min.
PORTION ca. 190 kcal
E 0 g · F 20 g · KH 1 g

3 Sherry-Champignons mit Chorizo

ZUTATEN FÜR 4 PERSONEN
- 250 g kleine Champignons
- 1 Knoblauchzehe
- 4 Stiele Thymian
- 125 g Chorizo (Stück)
- 1 EL Olivenöl
- 8–10 EL trockener Sherry
- Meersalz (z. B. Flor de Sal)
- Pfeffer

1 Pilze kurz waschen und trocken tupfen. Knoblauch schälen und hacken. Thymian waschen, Blättchen abzupfen. Chorizo aus der Haut lösen und Wurst in dünne Scheiben schneiden.

2 Öl in einer Pfanne erhitzen. Wurst darin anbraten, herausnehmen. Pilze im heißen Bratfett kräftig anbraten. Knoblauch und Thymian kurz mitbraten. Mit Sherry ablöschen und aufkochen. Chorizo unterheben. Mit Salz und Pfeffer abschmecken.

ZUBEREITUNGSZEIT ca. 20 Min.
PORTION ca. 190 kcal
E 8 g · F 14 g · KH 1 g

4 Geröstete Salzmandeln

ZUTATEN FÜR 4 PERSONEN
- 200 g Mandeln mit Haut
- 1 EL Olivenöl
- 1 leicht gehäufter TL feines Meersalz (z. B. Flor de Sal)

1 Mandeln und Öl in einer ofenfesten Form mischen. Im vorgeheizten Backofen (E-Herd: 200 °C/Umluft: 180 °C/Gas: s. Hersteller) ca. 20 Minuten rösten.

2 Nach ca. 10 Minuten Mandeln mit Salz mischen und weiterrösten. Zwischendurch umrühren. Auskühlen lassen.

ZUBEREITUNGSZEIT ca. 20 Min.
PORTION ca. 320 kcal
E 9 g · F 30 g · KH 2 g

Tintenfisch
in Tomaten-Knoblauch-Soße

ZUTATEN FÜR 6 PERSONEN
- ♥ 400 g kleine küchenfertige Tintenfischtuben
- ♥ 1 Zwiebel
- ♥ 2 Knoblauchzehen
- ♥ 3 EL Olivenöl
- ♥ Salz ♥ Pfeffer
- ♥ 1 Dose (425 ml) stückige Tomaten
- ♥ 100 ml Weißwein
- ♥ 2 TL Kapern
- ♥ Zucker

1 Tintenfischtuben säubern, kalt abspülen, trocken tupfen und in mundgerechte Stücke schneiden. Zwiebel und Knoblauch schälen und fein würfeln.

2 Öl in einem Schmortopf erhitzen. Tintenfischstücke darin unter Wenden ca. 3 Minuten braten. Zwiebel und Knoblauch zufügen und 1–2 Minuten mitbraten. Mit Salz und Pfeffer würzen. Tomaten und Wein zugießen, aufkochen und zugedeckt 45–55 Minuten schmoren, bis die Tintenfische weich und zart sind.

3 Kapern ca. 10 Minuten vor Ende der Schmorzeit zufügen. Tomatensoße mit Salz, Pfeffer und 1 Prise Zucker abschmecken.

ZUBEREITUNGSZEIT ca. 1 ¼ Std.
PORTION ca. 110 kcal
E 9 g · F 6 g · KH 3 g

SPANIEN – TAPAS

Manchego-Würfel mit Paprikasalsa

ZUTATEN FÜR 6 PERSONEN
- ♥ je 1 gelbe und rote Paprikaschote
- ♥ 2 Lauchzwiebeln
- ♥ 2 EL Zitronensaft
- ♥ Salz ♥ Pfeffer ♥ Zucker
- ♥ 3 EL Olivenöl
- ♥ 1 Scheibe Weißbrot
- ♥ 2 EL Mehl
- ♥ 1 Ei
- ♥ 2 EL Schlagsahne
- ♥ 400 g Manchego (spanischer Hartkäse)
- ♥ ca. 500 ml Öl zum Frittieren
- ♥ *Küchenpapier*

1 FÜR DIE SALSA Paprika vierteln, entkernen, waschen und sehr fein würfeln. Lauchzwiebeln waschen und in feine Ringe schneiden. Zitronensaft, Salz, Pfeffer und 1 Prise Zucker verrühren. Öl unterschlagen. Mit dem Gemüse mischen.

2 FÜR DIE MANCHEGO-WÜRFEL Brot fein zerbröseln. Mehl untermischen. Ei und Sahne verquirlen. Mit Salz und Pfeffer würzen. Käse in Würfel (ca. 2 cm) schneiden. Erst im Ei, dann in der Bröselmischung wenden.

3 Frittieröl in einem weiten Topf auf ca. 180 °C erhitzen (es ist heiß genug, wenn an einem Holzspieß Bläschen aufsteigen). Käsewürfel darin portionsweise rundherum goldbraun frittieren. Herausheben und auf Küchenpapier gut abtropfen lassen. Käsewürfel mit der Salsa anrichten.

ZUBEREITUNGSZEIT ca. 40 Min.
PORTION ca. 470 kcal
E 27 g · F 35 g · KH 8 g

Empanadas mit Hähnchenfüllung

ZUTATEN FÜR CA. 22 STÜCK
- 1 Zwiebel
- 2 Knoblauchzehen
- 100 g grüne Oliven mit Mandelfüllung
- 30 g getrocknete Tomaten in Öl
- 2–3 Stiele Petersilie
- 250 g Hähnchenfilet
- 2 EL + 75 ml Olivenöl
- Salz ♥ Pfeffer
- 250 g Magerquark
- 75 ml Milch
- 2 Eier (Gr. M)
- 400 g Mehl
- 1 Päckchen Backpulver
- Mehl zum Ausrollen
- *Backpapier*

1 FÜR DIE FÜLLUNG Zwiebel und Knoblauch schälen, fein würfeln, Oliven grob hacken. Tomaten in Streifen schneiden. Petersilie waschen und fein hacken.

2 Filet abspülen, trocken tupfen und in sehr feine Würfel schneiden. 2 EL Öl in einer Pfanne erhitzen. Fleisch darin ca. 2 Minuten braten. Zwiebel, Knoblauch und Oliven untermischen, 2–3 Minuten weiterbraten. Petersilie und Tomaten unterheben. Mit Salz und Pfeffer würzen. Füllung abkühlen lassen.

3 FÜR DEN TEIG Quark, Milch, 75 ml Öl, 1 TL Salz und 1 Ei verrühren. Mehl und Backpulver mischen, zufügen und alles mit den Knethaken des Rührgeräts zu einem glatten Teig verkneten. Teig auf Mehl 3–4 mm dünn ausrollen. Daraus Kreise (ca. 10 cm Ø) ausstechen, jeweils etwas Füllung in die Mitte geben. 1 Ei verquirlen und die Teigränder damit bestreichen. Teig über die Hackmasse klappen, Ränder leicht einschlagen und gut andrücken.

4 Teigtaschen auf zwei mit Backpapier ausgelegte Backbleche verteilen. Mit übrigem Ei bestreichen und im vorgeheizten Backofen (E-Herd: 200 °C/Umluft: 180 °C/ Gas: s. Hersteller) 15–20 Minuten goldbraun backen.

ZUBEREITUNGSZEIT ca. 1 Std.
STÜCK ca. 140 kcal
E 7 g · F 6 g · KH 14 g

SPANIEN – TAPAS

Käse-Kartoffel-Omelett

ZUTATEN FÜR 4 PERSONEN
- 1 kg Kartoffeln
- 1 Zwiebel
- 2 Knoblauchzehen
- 1 EL Olivenöl
- 1 Dose (850 ml) Tomaten
- Salz
- Cayennepfeffer
- Edelsüßpaprika
- 1 TL Zucker
- 1 EL Weinessig
- 200 g rote Paprikaschote
- 150 g grüne Oliven ohne Stein
- 8 Stiele Thymian
- 3 Eier (Gr. M)
- 5 EL Milch
- 150 g Schmand
- 75 g geriebener Gouda
- Pfeffer
- Fett für das Pizzablech
- 8 Scheiben Serranoschinken

1 Kartoffeln waschen und in Wasser ca. 20 Minuten kochen.

2 FÜR DIE TOMATENSOSSE Zwiebel und 1 Knoblauchzehe schälen und fein würfeln. Öl erhitzen. Zwiebel und Knoblauch darin ca. 3 Minuten glasig dünsten. Tomaten und Zwiebelmischung pürieren. Mit Salz, Cayennepfeffer, Edelsüßpaprika, Zucker und Essig abschmecken. Soße kalt stellen.

3 FÜR DAS OMELETT Paprika vierteln, entkernen, waschen und in feine Würfel schneiden. Oliven in Scheiben schneiden. Kartoffeln abgießen, abschrecken, schälen und etwas abkühlen lassen.

4 Thymian waschen und die Blättchen abzupfen. 1 Knoblauchzehe schälen und fein würfeln. Eier, Milch, Schmand, Käse, Thymian und Knoblauch verquirlen. Mit Salz und Pfeffer würzen.

5 Kartoffeln in dicke Scheiben schneiden. Mit Paprikawürfeln, Olivenscheiben und Eiermasse mischen und in ein gefettetes Pizzablech (ca. 31 cm Ø) geben. Im vorgeheizten Backofen (E-Herd: 200 °C/Umluft: 180 °C/Gas: s. Hersteller) ca. 40 Minuten backen.

6 Omelett kurz ruhen lassen und in Tortenstücke schneiden. Omelett, Soße und Schinken auf Tellern anrichten. Dazu schmecken Oliven.

ZUBEREITUNGSZEIT ca. 1½ Std.
PORTION ca. 510 kcal
E 22 g · F 28 g · KH 42 g

Gazpacho
"Andaluz"

ZUTATEN FÜR 6 PERSONEN
- ♥ 2 Scheiben Toastbrot
- ♥ 1 kg Tomaten
- ♥ 1 rote Paprikaschote
- ♥ 2 Knoblauchzehen
- ♥ 1 TL Gemüsebrühe (instant)
- ♥ 4 EL Olivenöl
- ♥ Salz ♥ Pfeffer
- ♥ 2 TL Zucker
- ♥ 3 EL Rotweinessig
- ♥ 3 Jalapeños (ca. 60 g)
- ♥ 3 Lauchzwiebeln
- ♥ 1 Zwiebel (z. B. rote)
- ♥ 200 g Garnelen (ohne Kopf und Schale)

1 Brot entrinden und in Wasser einweichen. Tomaten waschen, kreuzweise einritzen und mit kochendem Wasser überbrühen. Tomaten abschrecken, häuten und vierteln. Paprika vierteln, entkernen, waschen und würfeln. Knoblauch schälen.

2 Brot ausdrücken und mit den vorbereiteten Zutaten fein pürieren. Brühe in 3 EL heißem Wasser auflösen. Mit 2 EL Öl in die Suppe rühren. Gazpacho mit Salz, Pfeffer, Zucker und Essig abschmecken. Ca. 4 Stunden zugedeckt kalt stellen.

3 Jalapeños und Lauchzwiebeln waschen, Zwiebel schälen und alles in Ringe schneiden. Garnelen abspülen und trocken tupfen. 1 EL Öl in einer Pfanne erhitzen. Garnelen darin 3–4 Minuten braten. Mit Salz und Pfeffer würzen. Gazpacho abschmecken. Mit Garnelen, Jalapeños, Lauchzwiebeln und Zwiebel garnieren. 1 EL Öl darüberträufeln.

ZUBEREITUNGSZEIT ca. 45 Min. + Wartezeit ca. 4 Std.
PORTION ca. 260 kcal
E 14 g · F 10 g · KH 24 g

SPANIEN – TAPAS

Mallorquinischer *Thunfischsalat*

ZUTATEN FÜR 6–8 PERSONEN
- 6 Eier
- 3 Dosen (à 185 g) Thunfisch naturell
- 4 Mini-Römersalate
- 3 Möhren
- 6 reife Tomaten
- 3 Zwiebeln (z. B. rote)
- 4 EL Zitronensaft
- Salz • Pfeffer • Zucker
- 8 EL Olivenöl
- 100 g schwarze Oliven mit Stein
- 3 TL Kapern (Glas)

1 Eier ca. 10 Minuten hart kochen. Thunfisch abtropfen lassen und mit zwei Gabeln etwas zerzupfen.

2 Römersalate waschen und in mundgerechte Stücke zupfen. Möhren schälen, waschen und grob raspeln. Tomaten waschen und in dünne Scheiben schneiden. Zwiebeln schälen und fein würfeln. Eier abschrecken und schälen.

3 FÜR DAS DRESSING Zitronensaft, Salz, Pfeffer und 1 Prise Zucker verrühren. Öl unterschlagen.

4 Römersalat, Möhren, Tomaten, Zwiebeln, Oliven, Kapern und Dressing in einer Salatschüssel mischen. Eier vierteln und unterheben. Dazu schmeckt Bauernbrot.

ZUBEREITUNGSZEIT ca. 30 Min.
PORTION ca. 250 kcal
E 18 g · F 16 g · KH 6 g

Flan caramel
mit feiner Salznote

ZUTATEN FÜR 4 PERSONEN
- 100 g + 70 g Zucker
- feines Meersalz (z. B. Flor de Sal)
- Fett für die Förmchen
- 2 Eier + 4 Eigelb (Gr. M)
- 250 g Schlagsahne
- 250 ml Milch

1 AM VORTAG FÜR DEN KARAMELL 100 g Zucker, 1 Messerspitze Salz und 4 EL Wasser in einem kleinen Topf aufkochen und goldgelb karamellisieren. Sofort in vier gut gefettete ofenfeste Förmchen (à ca. 175 ml) verteilen. Ca. 10 Minuten kalt stellen, bis der Karamell erstarrt ist.

2 FÜR DEN FLAN Eier, Eigelb, Sahne, Milch und 70 g Zucker mit dem Schneebesen glatt rühren. Creme auf dem Karamell verteilen. Förmchen in eine Fettpfanne oder flache Auflaufform stellen. Kochendes Wasser angießen, bis die Förmchen zu etwa ⅔ im Wasser stehen. Flan im vorgeheizten Backofen (E-Herd: 180 °C/Umluft: 160 °C/Gas: s. Hersteller) ca. 45 Minuten stocken lassen. Abkühlen lassen und über Nacht kalt stellen.

3 AM NÄCHSTEN TAG Flan mit einem Messer vorsichtig vom Formrand lösen. Förmchen kurz in heißes Wasser tauchen und Flan auf Teller stürzen.

ZUBEREITUNGSZEIT ca. 1 Std. + Wartezeit ca. 12 Std.
PORTION ca. 540 kcal
E 11 g · F 32 g · KH 48 g

Desserts

In Spanien liebt man es süß – dulce. Churros und Schokosoße gibt's zum Frühstück, Karamellcreme und Mandelkuchen nach einem ausgiebigen Essen

SPANIEN – DESSERTS

Tarta de Santiago

ZUTATEN FÜR CA. 16 STÜCKE
- 150 g Mehl
- Salz
- 100 g kalte Butter
- 5 Eier (Gr. M)
- Fett für die Form
- 250 g Zucker
- Zimt
- abgeriebene Schale von 1 Bio-Zitrone
- 250 g gemahlene Mandeln ohne Haut
- Puderzucker zum Bestäuben
- *Frischhaltefolie*

1 FÜR DEN TEIG Mehl, 1 Prise Salz, Butter in Stückchen, 1 Ei und eventuell 1 EL kaltes Wasser erst mit den Knethaken des Rührgeräts, dann kurz mit den Händen zu einem glatten Teig verkneten. In Folie gewickelt ca. 30 Minuten kalt stellen.

2 Teig kurz durchkneten. ⅔ Teig auf den Boden einer gefetteten Springform (26 cm Ø) ausrollen, Formrand darumschließen. Rest Teig zur Rolle formen, innen an den Formrand legen und 3–4 cm hochdrücken. Boden mit einer Gabel öfter einstechen.

3 4 Eier und Zucker 6–8 Minuten schaumig schlagen. 1 Prise Zimt, Zitronenschale und Mandeln unterheben. Masse in die Form streichen. Im vorgeheizten Backofen (E-Herd: 180 °C/Umluft: 160 °C/Gas: s. Hersteller) 35–40 Minuten backen. Auskühlen lassen. Kuchen mit Puderzucker bestäuben.

ZUBEREITUNGSZEIT ca. 2 Std.
STÜCK ca. 270 kcal
E 6 g · F 16 g · KH 23 g

Kakaozucker-Churros
mit dunkler Schokosoße

ZUTATEN FÜR CA. 25 STÜCK
- ♥ 125 g + 150 g Zucker
- ♥ Salz
- ♥ 100 g + 1 gestrichener EL Kakao
- ♥ 400 g Mehl
- ♥ 75 ml Öl
- ♥ ca. 1 l Öl zum Frittieren
- ♥ *Küchenpapier*

1 FÜR DIE SCHOKOLADENSOSSE 125 ml Wasser, 125 g Zucker und 1 Prise Salz aufkochen. 100 g Kakao mit dem Schneebesen einrühren, alles unter Rühren 3–4 Minuten köcheln. Beiseitestellen, dabei ab und zu umrühren.

2 FÜR DIE CHURROS Mehl in eine Schüssel geben. 500 ml Wasser, 75 ml Öl und ½ TL Salz aufkochen. Über das Mehl gießen, sofort mit den Knethaken des Rührgeräts zu einem glatten Teig verkneten.

3 Öl zum Frittieren auf ca. 180 °C erhitzen (steigen am Holzkochlöffelstiel Bläschen hoch, ist die Temperatur richtig). Teig portionsweise in den Spritzbeutel mit großer Sterntülle füllen. Vorsichtig in ca. 10 cm langen Strängen ins heiße Öl spritzen, dabei den Beutel mit genügend Abstand über den Topf halten. Churros ca. 5 Minuten goldbraun backen. Mit einer Schaumkelle herausheben und auf Küchenpapier gut abtropfen lassen.

4 150 g Zucker und 1 EL Kakao mischen. Churros darin wenden. Mit Schokosoße servieren.

ZUBEREITUNGSZEIT ca. 50 Min.
STÜCK ca. 170 kcal
E 3 g · F 6 g · KH 24 g

SPANIEN – DESSERTS

Crema catalana mit Himbeeren

ZUTATEN FÜR 6–8 PERSONEN
- 1 Vanilleschote
- 750 ml Milch
- 250 g Schlagsahne
- Salz
- 8 Eigelb (Gr. M)
- 100 g Zucker
- 25 g Speisestärke
- 6–8 EL brauner Zucker
- eventuell Orangenscheiben und Himbeeren zum Verzieren
- Frischhaltefolie

1 Vanilleschote längs aufschneiden und das Mark herauskratzen. Milch, Sahne, 1 Prise Salz, Vanillemark und -schote aufkochen. Topf vom Herd nehmen. Vanillemilch mindestens 30 Minuten ziehen lassen, dann durch ein Sieb gießen.

2 Eigelb, Zucker und Stärke aufschlagen. Vanillemilch aufkochen und langsam unter Rühren in die Eigelbmasse gießen. Alles zurück in den Topf gießen, unter ständigem Rühren aufkochen und ca. 3 Minuten köcheln. Creme in 6–8 flache Förmchen (ca. 150 ml Inhalt) füllen und abkühlen lassen. Dann mit Folie bedecken und kalt stellen.

3 Kurz vorm Servieren die Creme mit je 1 EL braunem Zucker bestreuen. Zucker mit einem Küchengasbrenner karamellisieren. Creme eventuell mit Orangenscheiben und Himbeeren verzieren.

ZUBEREITUNGSZEIT ca. 20 Min. + Wartezeit mind. 1 ½ Std.
PORTION ca. 350 kcal
E 7 g · F 20 g · KH 35 g

Warenkunde: Käse

Ob in cremigen Soßen, goldbraun gebacken in Lasagne, frisch im Salat, in Gebäck oder im Dessert – Käse verfeinert zahlreiche Gerichte. Wir haben die beliebtesten Sorten aus dem Mittelmeerraum zusammengestellt

FRANZÖSISCHER HARTKÄSE
Der Rohmilchkäse (z.B. Comté oder Cantal) schmeckt je nach Jahreszeit, zu der gemolken wird, verschieden. Im Allgemeinen handelt es sich um milden Käse. Passt zu Fondue, Meeresfrüchten und Fisch sowie trockenen Weiß- und leichten Rotweinen.

FETA
Seit 2003 ist der Käse aus Griechenland unter dem Namen Feta herkunftsgeschützt. Er besteht aus Schafsmilch, manchmal gemischt mit Ziegenmilch, reift in Salzlake und hat einen kräftigen, leicht salzigen und säuerlich-frischen Geschmack. Seine Konsistenz ist eher bröcklig, und er passt zu Salat, Oliven sowie Brot und eignet sich zum Überbacken von Aufläufen, zum Braten oder Grillen.

GORGONZOLA
Beim berühmten Edelschimmelkäse unterscheidet man zwischen dem süßen jungen Dolce, der ca. 2 Monate reift, und dem würzigen älteren Piccante, der bis zu 12 Monate alt ist. Passt zu Birnen, Walnüssen, Brot, Pasta und Fleisch sowie zum Überbacken und in Dips und Soßen.

GRUYÈRE
Liebhaber schätzen diesen Käse aus Frankreich und der Schweiz für seinen fruchtig-kräftigen und gleichzeitig harmonischen Geschmack – je älter, desto kräftiger ist er. Passt zu einer herzhaften Brotzeit, in Gratins, Quiches und zu deftigem Käsegebäck.

HALLOUMI
Der halbfeste Käse aus Zypern ähnelt Mozzarella, denn er wird auch in Salzlake eingelegt, ist jedoch etwas fester, sodass man ihn sehr gut grillen kann. Passt in Omelett, als Raviolifüllung, zu Fleisch und vegetarischen Gerichten, zu Salaten, auf Brot und in Suppen.

MANCHEGO
Der spanische Hartkäse aus Schafsmilch reift zwischen 2 und 6 Monaten und überzeugt nicht nur pur durch seinen pikanten, kräftigen Geschmack. Er passt auch zu Tortillas, Salate und deftige Fleischgerichte und schmeckt als Dessert mit Honig, zu Obst oder zu Tapas-Variationen und gerieben in Aufläufen.

PARMESAN
Der berühmte italienische Hartkäse reift zwischen 12 Monaten und 4 Jahren. Je älter, desto intensiver und kräftiger sein Geschmack. Passt geraspelt zu Pasta, gehobelt in Salat. Kenner schneiden ihn nicht, sondern brechen ihn mit einem speziellen Messer.

MOZZARELLA
Der italienische Frischkäse hat einen elastischen, weißen Teig und keine Rinde. Mit seinem dezenten, frischen und fein säuerlichen Aroma bestimmt er beispielsweise den Geschmack der neapolitanischen Pizza. Passt auch gut zu Antipasti und in Salate.

PROVOLONE
Den Schnittkäse aus dem Süden Italiens gibt es in zwei Geschmacksrichtungen: dem sehr sahnigen Dolce und dem kräftigen Tipo Piccante. Passt zu Gemüse, Brot, eignet sich als Carpaccio. Zum Dolce trinkt man eher Weißwein, zum Piccante Rotwein.

PECORINO
Ursprünglich aus Schafsmilch, werden heute auch Kuh- und Ziegenmilch beigemischt. Der Hartkäse reift zwischen 3 und 24 Monaten und schmeckt je nach Alter würzig und salzig-scharf. Der jüngere passt zu Olivenöl, Radicchio, Tomaten, der gereiftere gehobelt über Pastagerichte und Salate.

Zu Gast in Griechenland

Manchmal reicht ein einziger Bissen, und wir fühlen uns wie an der Ägäis. Mit unseren Rezepten können Sie für einen Moment Ihr Fernweh vergessen

Hauptgerichte

Bei saftigen Fleischspießen, würzigen Bifteki, Tsatsiki, Bauernsalat und Moussaka heißt es: Augen schließen und sich wie im Land der Götter fühlen

GRIECHENLAND – HAUPTGERICHTE

Geschmortes Sommergemüse

ZUTATEN FÜR 10–12 PERSONEN
- 1,5 kg Kartoffeln ♥ Salz
- 750 g Schneidebohnen
- 2 Zwiebeln ♥ 3–4 Knoblauchzehen
- 3 Zucchini (ca. 500 g)
- 4 rote Spitzpaprikaschoten
- 4 EL Olivenöl ♥ Pfeffer
- 1 Dose (850 ml) Tomaten

1 Kartoffeln schälen, waschen und in Salzwasser ca. 20 Minuten kochen. Anschließend abgießen. Bohnen waschen, schräg in Stücke schneiden und in Salzwasser ca. 5 Minuten kochen. Abgießen und gut abtropfen lassen.

2 Zwiebeln und Knoblauch schälen und fein würfeln. Zucchini waschen und in Scheiben schneiden. Paprika vierteln, entkernen, waschen und in grobe Stücke schneiden.

3 Öl in einem großen Bräter erhitzen. Zwiebeln und Knoblauch darin glasig dünsten. Zucchini, Kartoffeln und Bohnen kurz mitbraten. Kräftig mit Salz und Pfeffer würzen. Tomaten samt Saft zufügen. Tomaten mit dem Pfannenwender grob zerkleinern. Alles aufkochen und zugedeckt ca. 30 Minuten schmoren. Mit Salz und Pfeffer abschmecken.

ZUBEREITUNGSZEIT ca. 1 Std.
PORTION ca. 160 kcal
E 5 g · F 5 g · KH 22 g

Dreierlei Fleischspieße

ZUTATEN FÜR 10–12 PERSONEN
- 100 ml Zitronensaft
- Pfeffer ♥ 1 TL Zucker
- 2 EL getrockneter Oregano
- 10 EL Olivenöl
- 750 g Hähnchenfilet
- 750 g ausgelöster magerer Schweinenacken
- 750 g Huftsteak ♥ Salz
- *Metallspieße*

1 FÜR DIE MARINADE Zitronensaft, 1 TL Pfeffer, Zucker und Oregano verrühren. 6 EL Öl unterschlagen.

2 FÜR DIE SPIESSE Hähnchenfilet abspülen. Gesamtes Fleisch trocken tupfen und in ca. 2 cm große Würfel schneiden. Nach Sorten getrennt auf Spieße stecken und dicht an dicht auf eine Fettpfanne legen. Alles mit der Marinade bestreichen und zugedeckt an einem kühlen Ort ca. 1 Stunde ziehen lassen. Nach ca. 30 Minuten einmal wenden.

3 4 EL Öl in einer sehr großen Pfanne erhitzen. Spieße darin portionsweise rundherum kräftig anbraten. Mit Salz und Pfeffer würzen. Herausnehmen und auf die Fettpfanne legen. Im vorgeheizten Backofen (E-Herd: 180 °C/Umluft: 160 °C/Gas: s. Hersteller) ca. 15 Minuten backen. Spieße mit dem Schmorgemüse anrichten.

ZUBEREITUNGSZEIT ca. 1 Std. + Wartezeit ca. 1 Std.
PORTION ca. 320 kcal
E 39 g · F 17 g · KH 1 g

Pastizio –
Makkaroni-Hack-Auflauf

ZUTATEN FÜR 10–12 PERSONEN
- 2 Zwiebeln ♥ 2 Knoblauchzehen
- je 4 Stiele Rosmarin und Oregano
- 3 EL Olivenöl
- 1,5 kg Rinderhack
- 3 EL Tomatenmark
- 1 Dose (850 ml) Tomaten
- Salz ♥ Pfeffer ♥ Edelsüßpaprika
- Zucker ♥ Zimt
- 600 g kurze Makkaroni
- 100 g Parmesan (Stück)
- 6 EL Butter
- 6 EL Mehl
- 500 ml Milch
- 2 TL Gemüsebrühe (instant)
- Muskat
- 4 Eier (Gr. M)
- Fett für die Form

1 FÜR DIE HACKSOSSE Zwiebeln und Knoblauch schälen, würfeln. Kräuter waschen und fein hacken. Öl in einer Pfanne erhitzen. Hack darin krümelig anbraten. Zwiebeln, Knoblauch, Kräuter und Tomatenmark zufügen, kurz anschwitzen. Tomaten samt Saft unterrühren. Tomaten mit einem Pfannenwender grob zerkleinern. Mit Salz, Pfeffer, Edelsüßpaprika, 1 Prise Zucker und etwas Zimt würzen. Alles aufkochen und offen ca. 15 Minuten köcheln. Hacksoße abkühlen lassen.

2 Makkaroni in kochendem Salzwasser nach Packungsanweisung garen. Abgießen, abschrecken und abtropfen lassen. Käse reiben, Hälfte unter die Nudeln mischen.

3 FÜR DIE BÉCHAMEL Butter in einem Topf erhitzen. Mehl darin hell anschwitzen. Mit 400 ml Wasser und Milch unter Rühren ablöschen, aufkochen. Brühe einrühren und ca. 3 Minuten köcheln. Soße mit Salz, Pfeffer und Muskat würzen. Topf vom Herd nehmen. Eier und 2 EL Wasser verquirlen, in die Béchamel rühren (nicht kochen!).

4 Hälfte Makkaroni in eine gefettete große Auflaufform (ca. 20 x 30 cm; ca. 4,5 l Inhalt) geben. Ca. ¼ Béchamel und Hälfte Hacksoße darauf verteilen. Mit übrigen Makkaroni bedecken. Erst Rest Hacksoße, dann übrige Béchamel darauf verteilen. Restlichen Käse darüberstreuen. Im vorgeheizten Backofen (E-Herd: 200 °C/Umluft: 180 °C/Gas: s. Hersteller) ca. 50 Minuten backen.

ZUBEREITUNGSZEIT ca. 1 ¾ Std.
PORTION ca. 650 kcal
E 43 g · F 31 g · KH 46 g

GRIECHENLAND – HAUPTGERICHTE

Griechischer *Bauernsalat*

ZUTATEN FÜR 10–12 PERSONEN
- 1 Gemüsezwiebel
- 1,5 kg Fleischtomaten
- 3 Minirömersalate
- 1 Salatgurke
- 1 Bund Petersilie
- 150 ml Weißweinessig
- Salz • Pfeffer
- 8 EL Olivenöl
- 300 g eingelegte milde Peperoni (Glas)

1 Zwiebel schälen, halbieren und in Streifen schneiden. Tomaten waschen und in Spalten schneiden. Salat waschen und in Streifen schneiden. Gurke schälen, längs vierteln und in Stücke schneiden. Petersilie waschen und fein hacken.

2 Essig, Salz und Pfeffer verrühren. Öl unterschlagen. Zwiebel, Tomaten, Salat, Gurke, Peperoni, Petersilie und Vinaigrette mischen. Dazu schmecken Oliven, frisches Fladenbrot und eingelegter Feta.

ZUBEREITUNGSZEIT ca. 15 Min.
PORTION ca. 110 kcal
E 2 g • F 7 g • KH 9 g

Ideal für Gäste

GRIECHENLAND – HAUPTGERICHTE

Auberginen-Moussaka

ZUTATEN FÜR 4–6 PERSONEN
- 1 kg Kartoffeln
- 1 Aubergine (ca. 350 g) ♥ Salz
- 1 Zwiebel ♥ 2 Knoblauchzehen
- 3 große Tomaten
- 4 Stiele Oregano
- 75 g Kefalotiri (griechischer Hartkäse; Stück; ersatzweise Parmesan)
- 4 EL Olivenöl ♥ Pfeffer
- 500 g Lamm- oder Rinderhack
- ½–1 TL gemahlener Zimt
- 1 Packung (500 g) stückige Tomaten
- 2 EL Butter
- 2 leicht gehäufte EL Mehl
- 375 ml Milch
- 1 TL Gemüsebrühe (instant)
- 2 Eier
- Fett für die Form
- *Küchenpapier*

1 Kartoffeln waschen und ca. 20 Minuten kochen. Anschließend abgießen. Aubergine waschen und in ca. 1 cm dicke Scheiben schneiden. Auf Küchenpapier legen, leicht salzen und ca. 15 Minuten ziehen lassen. Zwiebel und Knoblauch schälen und fein würfeln. Tomaten waschen und in Scheiben schneiden. Oregano waschen und abzupfen. Käse reiben.

2 3 EL Öl portionsweise in einer Pfanne erhitzen. Auberginenscheiben trocken tupfen und von jeder Seite goldbraun braten. Mit Pfeffer würzen. Auf Küchenpapier abtropfen lassen. Kartoffeln abgießen, schälen und abkühlen lassen.

3 FÜR DIE HACKSOSSE 1 EL Öl in der Pfanne erhitzen. Hack darin krümelig braten. Zwiebel und Knoblauch kurz mitbraten. Mit Zimt, Salz und Pfeffer würzen. Oregano und stückige Tomaten unterrühren. Alles aufkochen und offen ca. 5 Minuten köcheln. Mit Salz und Pfeffer abschmecken.

4 FÜR DIE BÉCHAMELSOSSE Butter in einem Topf erhitzen. Mehl darin hell anschwitzen. Milch und 250 ml Wasser einrühren, aufkochen und Brühe einrühren. Ca. 5 Minuten köcheln. Soße mit Salz und Pfeffer würzen. Topf vom Herd nehmen. Eier verquirlen. Erst ca. 4 EL Soße in die Eier rühren, dann alles in die übrige heiße Soße rühren (nicht mehr kochen!).

5 Kartoffeln in Scheiben schneiden. Kartoffeln und Hacksoße in eine gefettete rechteckige Auflaufform schichten. Dachziegelartig abwechselnd mit Auberginen- und Tomatenscheiben belegen. Die Béchamelsoße darübergießen. Moussaka im vorgeheizten Backofen (E-Herd: 200 °C/Umluft: 180 °C/Gas: s. Hersteller) ca. 40 Minuten goldbraun backen.

ZUBEREITUNGSZEIT ca. 1 ¾ Std.
PORTION ca. 570 kcal
E 34 g · F 30 g · KH 37 g

EINKAUFSTIPP
Frisches Lammhack schmeckt schön würzig. Sie bekommen es gut in türkischen Lebensmittelgeschäften, die eine eigene Metzgerei haben. Alternativ gibt's in vielen Supermärkten Lammhack tiefgefroren.

Geschmortes
Kräuter-Zitronen-Lamm

ZUTATEN FÜR 4 PERSONEN
- 1 Bio-Zitrone
- 3 Zwiebeln
- 2 Knoblauchzehen
- 1 kg Lammschulter ohne Knochen
- 2 EL Butterschmalz
- Salz Pfeffer
- 500 ml Weißwein
- ½ Bund glatte Petersilie
- 1 kleines Bund Koriander

1 Zitrone heiß waschen und die Schale mit einem Zestenreißer in Streifen abziehen. Hälfte Zesten hacken. ½ Zitrone auspressen. Zwiebeln und Knoblauch schälen und würfeln. Fleisch trocken tupfen und in Stücke schneiden.

2 Butterschmalz in einem Bräter erhitzen. Fleisch darin rundherum kräftig anbraten. Mit Salz und Pfeffer würzen. Zwiebeln und Knoblauch kurz mitbraten. Mit Wein und 500 ml Wasser ablöschen. Zitronensaft und gehackte Zesten zufügen. Zugedeckt ca. 1 ½ Stunden köcheln, dabei ab und zu umrühren.

3 Kräuter waschen und hacken. Kräuter ca. 15 Minuten vor Ende der Garzeit zufügen und mitgaren. Alles mit Salz und Pfeffer abschmecken. Mit restlichen Zitronenzesten bestreut servieren. Dazu schmeckt Fladenbrot und Tomatensalat.

ZUBEREITUNGSZEIT ca. 2 Std.
PORTION ca. 670 kcal
E 48 g · F 39 g · KH 7 g

GRIECHENLAND – HAUPTGERICHTE

Pastitsáda – *Kalbfleisch mit Makkaroni*

ZUTATEN FÜR 4 PERSONEN
- 1 Bund Petersilie
- 6 Knoblauchzehen
- 4–5 EL Olivenöl
- Pfeffer
- 1 kg Kalb- oder Jungrindfleisch (Keule)
- 2 große Zwiebeln
- Salz
- 1 Dose (850 ml) Tomaten
- 200 ml trockener Rotwein
- 2 Lorbeerblätter
- 3 Gewürznelken
- Zimt
- Zucker
- 300–400 g Makkaroni
- 75 g Kefalotiri (Hartkäse aus Schafs- und Ziegenmilch; Stück; ersatzweise Parmesan)

1 Petersilie waschen und fein hacken. Knoblauch schälen und fein hacken. Beides mit 1 EL Öl und etwas Pfeffer verrühren. Fleisch trocken tupfen und grob würfeln. Mit der Knoblauchmischung mischen. Zwiebeln schälen und in dünne Spalten schneiden.

2 3–4 EL Öl portionsweise in einem Bräter erhitzen. Fleisch darin kräftig anbraten. Mit Salz würzen, herausnehmen. Zwiebeln im Bratfett goldbraun braten. Tomaten samt Saft zufügen, Tomaten mit einem Pfannenwender grob zerkleinern. Fleisch, Wein, 400 ml Wasser, Lorbeer, Nelken, ¼ TL Zimt, 1 TL Zucker, Salz und Pfeffer zufügen. Aufkochen und zugedeckt ca. 2 Stunden schmoren.

3 Nudeln in reichlich kochendem Salzwasser nach Packunganweisung ca. 10 Minuten bissfest garen. Käse reiben. Soße abschmecken. Nudeln abtropfen lassen. Alles anrichten. Mit Käse bestreuen.

ZUBEREITUNGSZEIT ca. 2 ¾ Std.
PORTION ca. 760 kcal
E 70 g · F 20 g · KH 62 g

Erfrischt an warmen Sommertagen

Griechische Zitronen-Hühnersuppe

ZUTATEN FÜR 4 PERSONEN
- 1 Hähnchenbrust (mit Haut; auf Knochen; ca. 500 g)
- 1 Bund Suppengrün
- 2 Lorbeerblätter
- 3 Pimentkörner
- 2 Nelken
- 1 TL Pfefferkörner
- Salz
- 1 Zwiebel
- 200 g junger Blattspinat
- 1 EL Öl
- 100 g Reis
- 2 Zitronen (1 davon bio)
- 2 Eier (Gr. M)
- Pfeffer

1 Hähnchenbrust abspülen und in einen Topf geben. Mit ca. 1,5 l kaltem Wasser bedecken. Aufkochen und entstehenden Schaum dabei abschöpfen. Suppengrün waschen, schälen und klein schneiden. Suppengrün, Gewürze und ca. 2 TL Salz zum Fleisch geben und ca. 45 Minuten köcheln. Fleisch herausheben. Brühe durch ein Sieb in einen Topf gießen.

2 Zwiebel schälen und fein würfeln. Spinat waschen. Öl in einem Topf erhitzen. Zwiebel darin glasig dünsten. Reis zufügen und kurz mitdünsten. Brühe zugießen und ca. 15 Minuten köcheln.

3 Inzwischen Fleisch von Haut und Knochen lösen und in Stücke schneiden. Bio-Zitrone heiß waschen und die Schale abraspeln. Beide Zitronen auspressen. Eier und ca. 100 ml Zitronensaft verquirlen. Ca. 200 ml heiße Brühe abnehmen und das verquirlte Ei einrühren. Dann alles in die übrige heiße Brühe rühren. Spinat und Fleisch in die Suppe geben und erhitzen (nicht mehr kochen!). Suppe mit Salz, Pfeffer und Zitronenschale abschmecken.

ZUBEREITUNGSZEIT ca. 1¼ Std.
PORTION ca. 340 kcal
E 17 g · F 24 g · KH 11 g

GRIECHENLAND – HAUPTGERICHTE

Garnelen-Saganaki
Garnelen mit Ouzo und Feta

ZUTATEN FÜR 6 PERSONEN
- 6 Tomaten
- 1 Bund glatte Petersilie
- 2 Zwiebeln
- 2 Knoblauchzehen
- 2 Lauchzwiebeln
- 1 kg Garnelen (ohne Schale und Kopf)
- 5 EL Olivenöl
- 100 ml Ouzo
- Salz
- Pfeffer
- 200 g Feta

1 Tomaten waschen, vierteln, entkernen und in Würfel schneiden. Petersilie waschen und fein hacken. Zwiebeln und Knoblauch schälen, fein würfeln. Lauchzwiebeln waschen und in Ringe schneiden.

2 Garnelen am Rücken einschneiden und den dunklen Darm entfernen. Garnelen abspülen und trocken tupfen. Öl portionsweise in einer Pfanne erhitzen. Garnelen darin portionsweise unter Wenden 3–4 Minuten braten, herausnehmen. Zwiebeln, Knoblauch und Tomaten im Bratfett unter Rühren 3–4 Minuten braten. Garnelen wieder zugeben. Mit Ouzo ablöschen und aufkochen. Lauchzwiebeln unterrühren. Mit Salz und Pfeffer würzen. Alles in einer Auflaufform mit Petersilie mischen. Feta darüberbröckeln.

3 Im vorgeheizten Backofen (E-Herd: 230 °C/Umluft: 210 °C/Gas: s. Hersteller) 15–20 Minuten backen. Dazu schmeckt Fladenbrot.

ZUBEREITUNGSZEIT ca. 40 Min.
PORTION 420 kcal
E 38 g · F 17 g · KH 6 g

Schmeckt auch kalt köstlich

Spanakopita – Spinat-Feta-Kuchen

ZUTATEN FÜR CA. 12 STÜCKE
- 1 Packung (250 g) Filo- oder Yufkateig (10 Blätter; Kühlregal)
- 300 g junger Blattspinat
- 2 Zwiebeln
- 2 Knoblauchzehen
- 4 EL Olivenöl
- Salz • Pfeffer
- 250 ml Milch
- 400 g Feta
- Fett für die Form
- 1 Ei

1 Teig bei Raumtemperatur ruhen lassen. Spinat verlesen, waschen und abtropfen lassen. Zwiebeln und Knoblauch schälen, fein würfeln. 2 EL Öl in einem Topf erhitzen. Zwiebeln und Knoblauch darin andünsten. Spinat zufügen und zusammenfallen lassen. Mit Salz und Pfeffer würzen. In einem Sieb abtropfen und abkühlen lassen.

2 Milch und 2 EL Öl erhitzen. Ein Küchentuch leicht anfeuchten und auf der Arbeitsfläche ausbreiten. 2 Teigblätter leicht überlappend auf das Küchentuch legen, sodass ein Rechteck (ca. 30 x 45 cm) entsteht. Teigblätter mit etwas Milchmischung bestreichen. 2 weitere Teigblätter darauflegen und mit der Milchmischung bestreichen. Ein fünftes Teigblatt mittig darauflegen und ebenfalls bestreichen.

3 Feta zerbröckeln und unter den Spinat heben. Hälfte der Spinatmischung an der langen Seite der Teigplatte als Strang verteilen. Teigplatte aufrollen, zu einer Schnecke formen und in die Mitte einer gefetteten Tarteform (24 cm Ø) setzen. Diesen Vorgang mit restlichen Teigblättern, Milch- und Spinatmischung wiederholen. Zweite Teigrolle um die Schnecke legen. Rest Milchmischung mit Ei verquirlen und in die Form gießen.

4 Im vorgeheizten Backofen (E-Herd: 200 °C/Umluft: 180 °C/Gas: s. Hersteller) 30–35 Minuten backen. Dazu schmeckt Tsatsiki (s. Seite 104).

ZUBEREITUNGSZEIT ca. 1¼ Std.
STÜCK ca. 210 kcal
E 10 g · F 12 g · KH 14 g

Boukies *(kleine Nudeln)*

ZUTATEN FÜR 6 PERSONEN
- 500 g Mehl
- 1 Ei (Gr. M)
- 200–300 ml Milch
- Mehl für die Arbeitsfläche
- Salz
- 3 Tomaten
- ½ Salatgurke
- 150 g Hartkäse aus Ziegenmilch (Stück)
- 4–6 EL Olivenöl
- 200 g schwarze Oliven (z. B. Kalamata)
- Pfeffer

1 FÜR DEN NUDELTEIG Mehl, Ei und ca. 200 ml Milch zu einem festen Teig verkneten. Sollte der Teig zu fest sein, noch esslöffelweise Milch zufügen.

2 Nudelteig in 6–7 Portionen teilen und auf einer bemehlten Arbeitsfläche zu dünnen Rollen (ca. 2 cm Ø) formen. Die Rollen in ca. 2 cm lange Stücke schneiden. In die Nudelstücke jeweils mit Zeige- und Mittelfinger eine Kerbe eindrücken. Fertige Nudeln auf ein mit Mehl bestäubtes Sieb oder Backblech legen.

3 Nudeln portionsweise in einem weiten Topf in kochendem Salzwasser 3–4 Minuten garen, bis sie oben schwimmen. Herausheben und abtropfen lassen.

4 Inzwischen Tomaten und Gurke waschen und in dünne Scheiben schneiden. Käse reiben.

5 Öl portionsweise in einer Pfanne erhitzen. Nudeln und Oliven portionsweise darin schwenken. Mit Pfeffer und eventuell etwas Salz würzen. Ca. Hälfte Käse unterrühren und schmelzen lassen. Nudeln mit Gurken und Tomaten anrichten. Mit übrigem Käse bestreuen.

ZUBEREITUNGSZEIT ca. 45 Min.
PORTION 590 kcal
E 21 g · F 26 g · KH 64 g

GRIECHENLAND – HAUPTGERICHTE

Dreierlei Feta

1 Eingelegter Kräuterfeta

ZUTATEN FÜR 10–12 PERSONEN
- je ½ Bund Petersilie und Dill
- 50 g getrocknete Softtomaten
- 1 Knoblauchzehe
- Pfeffer
- 100 ml Olivenöl
- 500 g Feta

1 Petersilie und Dill waschen und fein hacken. Tomaten fein hacken. Knoblauch schälen und würfeln.

2 Kräuter, Tomaten, Knoblauch, Pfeffer und Öl mischen. Feta mit der Kräuter-Öl-Mischung beträufeln und zugedeckt ca. 30 Minuten ziehen lassen.

ZUBEREITUNGSZEIT ca. 10 Min. + Wartezeit ca. 30 Min.
PORTION ca. 180 kcal
E 7 g · F 16 g · KH 1 g

2 Feta-Oliven-Creme

ZUTATEN FÜR 10–12 PERSONEN
- 1 Glas (370 ml) Kalamata-Oliven ohne Stein
- 2 Knoblauchzehen
- 1 Bio-Zitrone
- 400 g Feta
- 300 g Sahnejoghurt
- Pfeffer

1 Oliven abtropfen lassen, hacken. Knoblauch schälen und hacken. Zitrone heiß waschen und die Schale fein abreiben. Oliven, Knoblauch und Zitronenschale mischen.

2 Feta zerbröckeln. Feta und Joghurt pürieren, dann die Olivenmischung unterrühren. Fetacreme mit Pfeffer abschmecken.

ZUBEREITUNGSZEIT ca. 30 Min.
PORTION ca. 140 kcal
E 7 g · F 11 g · KH 1 g

3 Melonen-Feta-Salat

ZUTATEN FÜR 10–12 PERSONEN
- 1 kleine kernlose Wassermelone (ca. 3 kg)
- 3–4 Stiele Minze
- 400 g Feta
- 100 ml Zitronensaft
- Salz · Pfeffer · 1 TL Zucker
- 5 EL Olivenöl

1 Melone in Spalten schneiden. Fruchtfleisch von der Schale schneiden und würfeln. Minze waschen und hacken. Feta grob zerbröckeln.

2 Zitronensaft, Salz, Pfeffer und Zucker verrühren. Öl kräftig darunterschlagen. Melone, Minze, Feta und Vinaigrette mischen.

ZUBEREITUNGSZEIT ca. 15 Min.
PORTION ca. 160 kcal
E 6 g · F 10 g · KH 10 g

GRIECHENLAND – HAUPTGERICHTE

Kraut-Möhren-Salat

ZUTATEN FÜR 8–10 PERSONEN
- 1,5 kg Weißkohl
- Salz
- 2–3 Möhren
- 1 Bund Lauchzwiebeln
- 50 g Pinienkerne
- 50 g Rosinen
- Pfeffer
- 6 EL Weißweinessig
- 4 EL Olivenöl
- 100 g schwarze Oliven
- eventuell Bio-Zitrone zum Garnieren

1 Kohl waschen, vierteln und in feinen Streifen vom Strunk hobeln bzw. schneiden. 1 TL Salz darüberstreuen und gut durchkneten.

2 Möhren schälen, waschen und grob raspeln. Lauchzwiebeln waschen und fein schneiden. Pinienkerne in einer Pfanne ohne Fett rösten, herausnehmen. Rosinen abspülen und abtropfen lassen.

3 Möhren und Lauchzwiebeln unter den Kohl mischen. Mit Pfeffer und wenig Salz würzen. Essig, Öl, Pinienkerne, Rosinen und Oliven unterheben. Salat mindestens 30 Minuten ziehen lassen. Nochmals abschmecken. Eventuell mit Zitronenecken garnieren.

ZUBEREITUNGSZEIT ca. 30 Min. +
Wartezeit mind. 30 Min.
PORTION ca. 140 kcal
E 3 g · F 9 g · KH 11 g

Bohnen-Tomaten-Salat

ZUTATEN FÜR 8–10 PERSONEN
- 250 g Kritharaki (reisförmige Nudeln)
- Salz
- 500 g grüne Bohnen
- 3 große Fleischtomaten
- 1 Gemüsezwiebel (ca. 300 g)
- 200–300 g Sahnejoghurt
- 125 ml Milch
- 1 Knoblauchzehe
- 2 Stiele Thymian
- 1 EL Zitronensaft
- 2 EL Olivenöl
- Pfeffer

1 Nudeln in kochendem Salzwasser nach Packungsanweisung garen. Bohnen waschen und in wenig kochendem Salzwasser zugedeckt 12–15 Minuten dünsten. Nudeln und Bohnen abschrecken und auskühlen lassen.

2 Tomaten waschen, Zwiebel schälen und beides in Stücke schneiden. Joghurt und Milch glatt rühren. Knoblauch schälen und direkt in den Joghurt pressen. Thymian waschen, Blättchen abzupfen. Mit Zitronensaft und Öl unter den Joghurt rühren. Mit Salz und Pfeffer abschmecken. Alles mit Nudeln und Bohnen mischen. Dazu schmecken milde Peperoni.

ZUBEREITUNGSZEIT ca. 30 Min. +
Wartezeit ca. 30 Min.
PORTION ca. 180 kcal
E 5 g · F 5 g · KH 27 g

Desserts

Knackige Nüsse, würziger Honig, frische Früchte, feines Olivenöl, knuspriger Teig und sahniger Joghurt – daraus zaubert Hellas herrliche Süßspeisen

Baklava-Törtchen

ZUTATEN FÜR 12 STÜCK
- 6 Strudelteigblätter (ca. 30 x 31 cm; Kühlregal)
- 40 g + 80 g Butter
- Zimt
- 125 g + 12 TL Honig
- 125 g Walnusskerne
- 75 g Pistazienkerne
- 150 g Mandelkerne mit Haut
- Fett für die Form

1 Strudelteig bei Raumtemperatur ca. 10 Minuten ruhen lassen. 40 g Butter, 1 Prise Zimt und 125 g Honig erhitzen, bis die Butter geschmolzen ist. Walnüsse, Pistazien und Mandeln grob hacken, unter die Honigmischung rühren und beiseitestellen.

2 80 g Butter schmelzen. Teigblätter auf einem leicht angefeuchteten Küchentuch ausbreiten und vierteln. In zwölf gefetteten Mulden eines Muffinblechs jeweils 2 Teigviertel übereinanderlegen und mit flüssiger Butter bestreichen. Überstehende Ecken etwas herunterdrücken.

3 Nussmischung in die Mulden verteilen. Im vorgeheizten Backofen (E-Herd: 200 °C/Umluft: 180 °C/Gas: s. Hersteller) ca. 10 Minuten backen. Törtchen aus dem Ofen nehmen und mit je 1 TL Honig beträufeln. Etwas abkühlen lassen. Törtchen vorsichtig aus den Mulden heben und auskühlen lassen. Dazu schmecken frische Früchte und griechischer Joghurt.

ZUBEREITUNGSZEIT ca. 45 Min.
STÜCK ca. 340 kcal
E 6 g · F 24 g · KH 22 g

TYPISCH GRIECHISCH
Für die Nussmischung einen aromatischen Honig nehmen, z. B. einen Thymianhonig. Rosinenfans mischen noch ein paar getrocknete Sultaninen oder Korinthen unter die Füllung.

Milchpastete Galaktoboúreko

ZUTATEN FÜR CA. 12 STÜCKE
- 1 Vanilleschote
- 500 ml Milch
- Salz
- 100 g + 100 g Zucker
- 75 g Weichweizengrieß
- 3 Eier (Gr. M)
- 100 g Butter
- 4 runde Blätter Yufka- oder Filoteig (ca. 65 cm Ø; Kühlregal)
- Fett für die Form
- ½ Bio-Zitrone
- 1 Zimtstange
- Puderzucker zum Bestäuben
- Frischhaltefolie

1 FÜR DIE CREME Vanilleschote längs halbieren und das Mark herauskratzen. Milch, 1 Prise Salz, 100 g Zucker, Vanilleschote und -mark aufkochen. Grieß einrühren und unter Rühren 1–2 Minuten köcheln. Etwas abkühlen lassen.

2 Eier verquirlen und unter den Grieß rühren. Folie direkt auf den Grieß legen. Auskühlen lassen.

3 Butter schmelzen. Yufkateigblätter einzeln ausbreiten, mit Butter bestreichen und vierteln. Eine gefettete Tarteform mit Hebeboden oder Springform (26 cm Ø) mit der Hälfte Teigblätter überlappend in ca. 5 Schichten auslegen. Grießmasse darauf verteilen. Restliche Teigblätter wieder überlappend auf die Füllung legen.

4 Pastete im vorgeheizten Backofen (E-Herd: 180 °C/Umluft: 160 °C/Gas: s. Hersteller) auf der unteren Schiene ca. 45 Minuten goldbraun backen.

5 FÜR DEN SIRUP Zitrone heiß waschen, von der Schale einen dünnen Streifen abschälen. Zitrone auspressen. Saft und Schale mit 125 ml Wasser, 100 g Zucker und Zimtstange aufkochen. Ca. 10 Minuten köcheln. Zimt und Zitronenschale entfernen.

6 Pastete aus dem Ofen nehmen, auf ein Backblech stellen und gleichmäßig mit heißem Zitronensirup begießen. Auskühlen lassen. Vorsichtig aus der Form lösen und in Stücke schneiden. Mit Puderzucker bestäuben.

ZUBEREITUNGSZEIT ca. 1 ½ Std. + Wartezeit ca. 3 Std.
PORTION ca. 390 kcal
E 9 g · F 11 g · KH 62 g

GRIECHENLAND – DESSERTS

Joghurtbecher *mit Honignüssen*

ZUTATEN FÜR 4 PERSONEN
- 4 EL gemischte Nüsse (z. B. Walnuss-, Haselnuss- und Pinienkerne)
- 500 g Sahnejoghurt
- 1 Päckchen Vanillezucker
- Saft von ½ Zitrone
- 3–4 EL flüssiger Honig

1 Nüsse in einer Pfanne ohne Fett goldgelb rösten. Herausnehmen und auskühlen lassen.

2 Joghurt mit Vanillezucker und Zitronensaft cremig rühren. Nüsse grob hacken und mit dem Honig mischen. Honignüsse und Joghurt abwechselnd in vier Gläser schichten. Sofort servieren.

ZUBEREITUNGSZEIT ca. 15 Min. + Wartezeit ca. 15 Min.
PORTION ca. 310 kcal
E 9 g · F 19 g · KH 24 g

Gebackene Feigen
mit Pistazien-Walnuss-Sirup

ZUTATEN FÜR 4 PERSONEN
- 3 EL Walnusskerne
- 2 EL Pistazienkerne
- 100 g Zucker
- abgeriebene Schale von 1 Bio-Orange
- 4 Feigen (à ca. 80 g)
- 4 Kugeln (à 50 g) Vanilleeis

1 FÜR DEN SIRUP Nüsse und Pistazien grob hacken. Zucker und 5 EL Wasser aufkochen. Ca. 1 Minute köcheln, bis sich der Zucker gelöst hat. Orangenschale, Nüsse und Pistazien unterrühren.

2 Feigen waschen und oben kreuzweise einritzen. In vier ofenfeste Förmchen setzen und mit dem Sirup beträufeln. Im vorgeheizten Backofen (E-Herd: 200 °C/Umluft: 180 °C/Gas: s. Hersteller) ca. 12 Minuten backen. Mit jeweils 1 Kugel Eis servieren.

ZUBEREITUNGSZEIT ca. 25 Min.
PORTION ca. 300 kcal
E 5 g · F 11 g · KH 44 g

GRIECHENLAND – DESSERTS

Olivenölkuchen *mit Orange*

ZUTATEN FÜR CA. 28 STÜCKE
- 450 g Mehl
- 1½ TL Backpulver
- 5 Eier (Gr. M)
- 675 g Zucker
- abgeriebene Schale von 2 Bio-Orangen
- 450 ml Milch
- 450 ml Olivenöl
- Fett und Mehl für die Fettpfanne
- 2–3 EL Puderzucker

1 Mehl und Backpulver mischen. Eier und Zucker mit den Schneebesen des Rührgeräts hellcremig aufschlagen. Orangenschale, Milch und Öl unter die Eiermasse rühren. Mehlmischung unterrühren.

2 Teig in eine gefettete und mit Mehl ausgestäubte Fettpfanne (ca. 32 x 39 cm) streichen. Kuchen im vorgeheizten Backofen (E-Herd: 180 °C/Umluft: 160 °C/Gas: s. Hersteller) ca. 35 Minuten backen. Auskühlen lassen. Kuchen mit Puderzucker bestäuben. Dazu schmecken Himbeeren.

ZUBEREITUNGSZEIT ca. 50 Min. + Wartezeit ca. 1 Std.
STÜCK ca. 340 kcal
E 2 g · F 20 g · KH 37 g

Nährwerte

pro 100 g	Oliven grün	Oliven schwarz	Olivenöl
Kalorien	138 g	350 g	884 g
Eiweiß	1,5 g	2,3 g	0 g
Fett	14 g	35 g	Gesättigte Fettsäuren: 14 g Einfach ungesättigte Fettsäuren: 73 g Mehrfach ungesättigte Fettsäuren: 11 g Gesamt 100 g
Kohlenhydrate	2 g	5 g	0 g
Ballaststoffe	3 g	3,7 g	0 g

Warenkunde: Oliven

Seit mehr als 6000 Jahren ernten Bauern rund um das Mittelmeer Oliven. Die Früchte gelten als äußerst gesund, lecker und unverzichtbar in vielen Länderküchen

OLIVEN

Ob pur, als Öl oder zu Tapenade verarbeitet – sobald ein Gastgeber Oliven serviert, wird ein Essen zu einem mediterranen Genuss. Dabei kann die Steinfrucht süß, salzig, herb oder auch leicht sauer schmecken.

Farbenvielfalt

Von Hellgrün bis Tiefschwarz – entscheidend für die Farbe ist weniger die Sorte als vielmehr der Reifezustand. Zu Beginn ist jede Olive grün, am Baum kann sie dann zu Violett und schließlich zu Schwarz reifen. Je nach gewünschtem Resultat ernten die Bauern ihre Oliven bereits im unreifen oder halb reifen Zustand. Zunächst eingelegt in Salzlake, verfeinern die Produzenten sie mit Essig oder Öl und weiteren Zutaten wie Kräutern, Knoblauch oder Chili. Zu den beliebtesten von mehr als 300 Olivensorten gehören diese vier:

Kalamata

Die rötlich-braunen bis schwarzen Oliven aus Griechenland haben ein mildes Aroma, viel Fruchtfleisch und schmecken leicht salzig.

Manzanilla

In Spanien erntet man die kleine und mittelfeste Tafelolive überwiegend grün. Sie hat ein herbes Aroma und wird pur oder mit Paprika, Mandel oder Anchovis gefüllt angeboten.

Gordal

Wegen ihrer Größe nennt man sie auch Queen-Olive. Aufgrund ihres milden, weichen Fruchtfleisches kommen sie oft in provenzalischen Kräutern mariniert oder sauer eingelegt zu Gemüse auf den Tisch.

Niçoise

Die kleinen Oliven schimmern lila bis schwarz und stammen aus Frankreich. Sie haben wenig Fruchtfleisch, schmecken aber sehr aromatisch.

Schwarze Oliven erkennen

Wer schwarze Oliven kauft, sollte aufs Etikett schauen: Wenn Eisengluconat als Zutat aufgeführt ist, handelt es sich um grüne Oliven, die damit schwarz eingefärbt wurden.

Wie gesund sind Oliven?

In Spanien empfiehlt die Gesellschaft für grundlegende und angewandte Ernährungswissenschaft Erwachsenen, täglich sieben Oliven zu essen. Das hat vor allem einen Grund: die enthaltenen ungesättigten Fettsäuren, die für die Herzgesundheit und den Kreislauf so wichtig sind. Außerdem besitzen sie zahlreiche Nährstoffe, die das Immunsystem unterstützen; zum Beispiel die Vitamine B_1, B_2, B_6, Folsäure, E und Provitamin A (Betacarotin) sowie die sekundären Pflanzenstoffe Polyphenole und Sterine.

OLIVENÖL

Eine mediterrane Küche ohne Oliven ist unvorstellbar. Doch mindestens ebenso wichtig ist das aus den Steinfrüchten gewonnene Öl. Über 90 Prozent der Ernte geht in die Produktion. In Deutschland können wir drei verschiedene Qualitäten kaufen:

Natives Olivenöl extra *(auch „extra vergine" bzw. „extra virgen"): So nennt man die höchste Güteklasse. Die Oliven dürfen nur bei maximal 27 Grad kalt gepresst sein. So bleiben die meisten wertvollen Inhaltsstoffe erhalten. Zudem zeigt das Etikett die Herkunft.* **Natives Olivenöl:** *Dieses Öl wird auch kalt gepresst. Meist stammt es allerdings aus der zweiten Pressung.* **Olivenöl:** *Bei der einfachsten Variante mischt man natives und raffiniertes, also gereinigtes und meist heiß gepresstes Öl.*

In der Küche können Sie alle Qualitäten gut verwenden. Für die kalte Küche wie Salate eigenen sich die nativen Varianten sehr gut. Zum Braten können Sie die nativen bis zu einer Temperatur von 180 Grad einsetzen, dann beginnt es zu qualmen. Der Rauchpunkt der raffinierten Varianten beginnt erst bei etwa 220 Grad.

Von zart bis pfeffrig

Ähnlich vielfältig im Geschmack wie die Früchte sind auch die Öle – abhängig von der Olivensorte und dem Anbaugebiet. Tatsächlich hilft es am besten zu probieren, um die unterschiedlichen Nuance zu erkennen. Hier eine grobe Orientierung: Als **leicht** *bezeichnet man Öl, das ein zartes Aroma und einen nur schwach ausgeprägten Olivengeschmack hat.* **Mild** *sind jene mit einer butterähnlichen Note. Bei* **halbfruchtigem** *ist der Olivengeschmack deutlich ausgeprägter. Und die* **fruchtig** *oder sogar* **pfeffrig** *Beschriebenen haben einen starken bis sehr starken Geschmack nach Olive.*

TAPENADE UND PASTE

Neben dem puren Genuss und dem Öl werden in einigen Regionen die Steinfrüchte auch anders weiterverarbeitet. Im Süden Frankreichs entsteinen die Hersteller beispielsweise die schwarzen Oliven und kreieren mit Sardellen, Kapern, Knoblauch und Öl eine Tapenade. Im östlichen Mittelmeerraum und in Südspanien püriert man hingegen grüne Oliven, würzt sie mit Pfeffer und Salz und verrührt sie zu Pasten.

Kroatische Adria

Im Südosten Europas mischt sich die Küche des Balkans mit mediterranen Einflüssen. Ein spannender Mix, den Sie mit unseren Ideen zu Hause nachkochen können

Hauptspeisen

Am Adriatischen Meer sind Gerichte mit zartem Fleisch und natürlich Fisch sowie Meeresfrüchte angesagt, gern von viel Gemüse begleitet

BALKAN – HAUPTGERICHTE

Raznjici
Fleischspieße mit Gemüsepaste

ZUTATEN FÜR 6 PERSONEN
- 1,25 kg Schweineschnitzel (Stück)
- Pfeffer
- 17 EL Olivenöl
- 2 große Auberginen
- 10 Paprikaschoten (4 rote, 4 grüne und 2 gelbe)
- 3 Tomaten
- 1 Salatgurke
- 2 kleine Gemüsezwiebeln
- 3 Minirömersalate
- 200 g Feta
- 100 g schwarze Oliven mit Stein
- Salz
- 2–3 TL Edelsüßpaprika
- Zucker
- 2–3 Zweige frischer Lorbeer
- 6 EL heller Balsamico-Essig
- eventuell Alufolie
- Metallspieße

1 FÜR DIE SPIESSE Fleisch trocken tupfen und würfeln. Mit Pfeffer und 6 EL Öl mischen. Zugedeckt ca. 1 Stunde ziehen lassen.

2 FÜR DIE GEMÜSEPASTE Auberginen waschen, längs halbieren und Fruchtfleisch mehrmals kreuzweise einschneiden. Je 2 rote und grüne Paprika halbieren, entkernen und waschen. Gemüse auf einem Backblech verteilen und im vorgeheizten Backofen (E-Herd: 230 °C/Umluft: 210 °C/Gas: s. Hersteller) ca. 40 Minuten backen, zum Schluss eventuell mit Folie bedecken.

3 FÜR DEN SALAT Tomaten und Gurke waschen und in Scheiben schneiden. Zwiebeln schälen und in dünne Ringe schneiden oder hobeln. Salat waschen. Feta würfeln. Oliven abtropfen lassen. Tomaten, Gurke, Hälfte Zwiebeln, Salat, Feta und Oliven mischen.

4 FÜR DIE GEMÜSEPASTE Paprika und Auberginen aus dem Ofen nehmen. Paprika mit einem feuchten Geschirrtuch bedecken, ca. 10 Minuten abkühlen lassen, dann häuten. Auberginenfruchtfleisch mit einem Löffel aus der Schale kratzen. Paprika, Auberginenfruchtfleisch und 2 EL Öl grob pürieren. Mit Salz, Pfeffer, Edelsüßpaprika und 1 Prise Zucker abschmecken.

5 FÜR DIE SPIESSE Je 2 rote, grüne und gelbe Paprika vierteln, entkernen, waschen und grob würfeln. Fleisch abtropfen lassen, Marinade dabei auffangen. Lorbeer waschen, Blätter abzupfen. Paprikawürfel, Lorbeer und Fleisch abwechselnd auf Spieße stecken. 3 EL Öl in einem Bräter oder einer großen Pfanne erhitzen. Spieße darin portionsweise unter Wenden 6–7 Minuten braten, dabei mit Marinade bestreichen. Mit Salz würzen. Spieße warm stellen.

6 Essig, Salz, Pfeffer und 1 Prise Zucker verrühren. 6 EL Öl unterschlagen. Vinaigrette mit dem Salat mischen. Spieße auf einer Platte anrichten und mit übrigen Zwiebelringen bestreuen. Salat und Gemüsepaste dazu reichen. Dazu schmeckt Bauernbrot.

ZUBEREITUNGSZEIT ca. 1¾ Std. + Wartezeit 1 Std.
PORTION ca. 620 kcal
E 59 g · F 34 g · KH 18 g

Pasticada* mit Mangold

ZUTATEN FÜR 4–6 PERSONEN
- 2–3 Möhren
- 150 g Knollensellerie
- 1 kleine Stange Porree
- 1,3 kg Rinderschmorbraten (aus der Schulter; ohne Knochen)
- Salz
- Pfeffer
- 6 EL Öl
- 300 ml trockener Weißwein
- 1 kg Kartoffeln
- 600 g Mangold
- 1 Zwiebel
- 1 Knoblauchzehe
- Muskat
- 50 g grüne Oliven ohne Stein
- eventuell 1–2 EL Speisestärke
- 1–2 EL Zitronensaft

1 FÜR DEN BRATEN Möhren und Sellerie schälen, waschen und in Stücke schneiden, Porree waschen und in Ringe schneiden. Fleisch trocken tupfen, mit Salz und Pfeffer einreiben. 5 EL Öl in einem Bräter erhitzen. Fleisch darin rundherum kräftig anbraten, herausnehmen. Gemüse im Bratfett anrösten. Mit Wein ablöschen. Mit Salz und Pfeffer würzen. Fleisch darauflegen und zugedeckt im vorgeheizten Backofen (E-Herd: 180 °C/Umluft: 160 °C/Gas: s. Hersteller) ca. 2 Stunden schmoren. Nach und nach ca. 200 ml Wasser zugießen.

2 FÜR DAS MANGOLDGEMÜSE Kartoffeln schälen, waschen und grob würfeln. Kartoffeln in Salzwasser 10–15 Minuten kochen. Anschließend abtropfen lassen. Mangold waschen, in grobe Stücke schneiden und in kochendem Salzwasser 1–2 Minuten blanchieren. Abschrecken und abtropfen lassen.

3 Zwiebel und Knoblauch schälen, fein würfeln. 1 EL Öl in einer großen Pfanne erhitzen. Zwiebel und Knoblauch darin glasig andünsten. Mangold und Kartoffeln zufügen und unter Wenden 3–4 Minuten dünsten. Mit Salz, Pfeffer und Muskat würzen. Warm stellen.

4 Oliven halbieren. Braten warm stellen. Bratsatz durch ein Sieb in einen Topf gießen, Gemüse durch das Sieb dazustreichen, aufkochen. Eventuell Stärke mit 4–5 EL Wasser glatt rühren. In die Soße rühren und 1–2 Minuten köcheln. Oliven zufügen. Soße mit Salz, Pfeffer und Zitronensaft abschmecken. Braten in Scheiben schneiden. Mit Soße und Mangold-Gemüse anrichten.

ZUBEREITUNGSZEIT ca. 2¾ Std.
PORTION ca. 540 kcal
E 50 g · F 23 g · KH 24 g

*Dalmatinischer Rinderbraten

BALKAN – HAUPTGERICHTE

Cevapcici mit Tomatenreis

ZUTATEN FÜR 4 PERSONEN
- 2 Zwiebeln
- 1 TL + 3 EL Olivenöl
- 750 ml Tomatensaft
- 2 TL Gemüsebrühe (instant)
- 250 g Langkornreis
- 2 Knoblauchzehen
- 600 g Rinderhack
- 1 TL Edelsüßpaprika
- 1 TL getrockneter Majoran
- Salz • Pfeffer
- 150 g TK-Erbsen
- Zucker

1 FÜR DEN REIS 1 Zwiebel schälen und fein würfeln. 1 TL Öl in einem Topf erhitzen. Zwiebel darin glasig dünsten. Tomatensaft und 250 ml Wasser zugießen und aufkochen. Brühe und Reis einrühren und zugedeckt ca. 30 Minuten köcheln, bis der Reis die gesamte Flüssigkeit aufgesogen hat.

2 FÜR DIE CEVAPCICI 1 Zwiebel und Knoblauch schälen und fein würfeln. Hack, Edelsüßpaprika, Majoran, Zwiebel und Hälfte Knoblauch verkneten. Mit Salz und Pfeffer würzen. Aus der Hackmasse ca. 20 Röllchen formen. 3 EL Öl in einer beschichteten Pfanne erhitzen. Röllchen darin portionsweise 5–6 Minuten rundherum braten. Warm stellen.

3 Rest Knoblauch und gefrorene Erbsen zum Reis geben und alles 2–3 Minuten weiterköcheln. Mit Salz, Pfeffer und 1 Prise Zucker abschmecken. Alles anrichten.

ZUBEREITUNGSZEIT ca. 45 Min.
PORTION ca. 720 kcal
E 44 g · F 29 g · KH 66 g

Hähnchenpfanne Cripnja

ZUTATEN FÜR 4 PERSONEN
- 1 große Zwiebel (z. B. rote)
- 4 Knoblauchzehen
- 1 rote Chilischote
- 250 g Kirschtomaten
- 3 Paprikaschoten (z. B. rote + grüne)
- 600 g Kartoffeln
- 4 Zweige Rosmarin
- 1 küchenfertiges Hähnchen (ca. 1,2 kg)
- 4 EL Olivenöl
- Meersalz
- Pfeffer
- 250 ml trockener Weißwein

1 Zwiebel und Knoblauch schälen. Zwiebel grob würfeln, Knoblauch in Scheiben schneiden. Chili längs aufschneiden, entkernen, waschen und hacken. Tomaten waschen. Paprika vierteln, entkernen, waschen und in grobe Stücke schneiden. Kartoffeln schälen, waschen und in grobe Stücke schneiden. Rosmarin waschen. Hähnchen in 8–10 Stücke zerteilen, abspülen und trocken tupfen.

2 Öl in einer großen tiefen Pfanne erhitzen. Hähnchenteile darin in zwei Portionen kräftig anbraten. Mit Salz und Pfeffer würzen. Je Hälfte Knoblauch und Rosmarin kurz mitbraten. Alles herausnehmen.

3 Paprika, Kartoffeln und Tomaten im heißen Bratfett ca. 2 Minuten anbraten. Chili, Rest Knoblauch und Rosmarin kurz mitbraten. Mit Salz und Pfeffer würzen. Wein und 100 ml Wasser zugießen. Fleisch samt Knoblauch und Rosmarin auf dem Gemüse verteilen.

4 Die Hähnchenpfanne im vorgeheizten Backofen (E-Herd: 200 °C/ Umluft: 180 °C/Gas: s. Hersteller) zugedeckt zunächst ca. 20 Minuten schmoren, dann offen ca. 30 Minuten zu Ende garen.

ZUBEREITUNGSZEIT ca. 1 ½ Std.
PORTION ca. 630 kcal
E 49 g · F 32 g · KH 24 g

Mais-Maneštra

ZUTATEN FÜR 4–6 PERSONEN
- 300 g getrocknete Kidneybohnen
- 1 kleiner Parmaschinkenknochen (ca. 350 g)
- 1 Bund Petersilie
- 4 Knoblauchzehen
- 100 g grüner Speck
- 125 g Staudensellerie
- 500 g Kartoffeln
- 1 Dose (212 ml) Gemüsemais
- 3–4 EL Olivenöl
- 2–3 TL Gemüsebrühe (instant)
- Salz
- Pfeffer

1 AM VORTAG Bohnen abspülen und über Nacht in 1 l kaltem Wasser einweichen.

2 AM NÄCHSTEN TAG Knochen abspülen. In einem Topf mit 1,5 l Wasser aufkochen und zunächst ca. 15 Minuten köcheln. Dabei ab und zu abschäumen.

3 Petersilie waschen, Knoblauch schälen und beides hacken. Speck sehr fein würfeln. Alles mischen.

4 Bohnen samt Einweichwasser und die Speckmischung, bis auf 1 EL, zum Knochen geben. Alles aufkochen und zugedeckt 1 ½–1 ¾ Stunden kochen.

5 Sellerie waschen und fein würfeln. Kartoffeln schälen, waschen und würfeln. Mais abtropfen lassen. Kartoffeln, Sellerie und Öl ca. 15 Minuten vor Ende der Garzeit zur Suppe geben. Aufkochen, Brühe einrühren und zu Ende garen.

6 Knochen aus der Suppe heben, Fleisch davon lösen und in dünne Scheiben oder Würfel schneiden. Fleisch und Mais in der Suppe erhitzen. Mit Salz und Pfeffer abschmecken. Suppe anrichten. Mit übriger Speckmischung garnieren.

ZUBEREITUNGSZEIT ca. 2 ¼ Std. + Wartezeit ca. 12 Std.
PORTION ca. 410 kcal
E 14 g · F 21 g · KH 36 g

Grillplatte
mit Fisch und Scampi

ZUTATEN FÜR 4 PERSONEN
- 800 g große Kartoffeln
- 3–4 Knoblauchzehen
- 1 Bund Petersilie
- 6–8 EL Olivenöl
- 2 Stiele Salbei
- 1–2 Zweige Rosmarin
- 3 Zucchini (ca. 600 g)
- 4 Wolfsbarschfilets (à ca. 100 g; mit Haut)
- 12 Scampi (Kaisergranat; à ca. 45 g; mit Kopf und Schale)
- 1–2 EL Zitronensaft
- Salz
- Pfeffer
- *Grillschalen*

1 Kartoffeln gründlich waschen und in Wasser ca. 20 Minuten kochen. Abschrecken und schälen.

2 Knoblauch schälen, Petersilie waschen. Beides hacken und mit Öl mischen. Salbei und Rosmarin waschen, Blättchen bzw. Nadeln abzupfen. Zucchini waschen und in dicke Scheiben schneiden.

3 Fisch und Scampi abspülen und trocken tupfen. Fisch mit Zitronensaft beträufeln. Mit Salz und Pfeffer würzen. Alles in Grillschalen verteilen und auf dem heißen Grill 5–8 Minuten grillen. Scampi mit Salz und Pfeffer würzen.

4 Kartoffeln in dicke Scheiben schneiden. Kartoffeln und Zucchini pro Seite auf dem geölten Grillrost oder in Grillschalen ca. 2 Minuten grillen. Mit Salz und Pfeffer würzen. Alles anrichten. Petersilien-Knoblauch-Öl darüberträufeln.

ZUBEREITUNGSZEIT ca. 1 Std.
PORTION ca. 510 kcal
E 50 g · F 20 g · KH 28 g

BALKAN – HAUPTGERICHTE

Fisch-Tomaten-Topf

ZUTATEN FÜR 4 PERSONEN
- 2 Zwiebeln
- 2 Knoblauchzehen
- 1 rote Paprikaschote
- 4 EL Olivenöl
- 1 Dose (850 ml) Tomaten
- 1 TL Gemüsebrühe (instant)
- 2 Lorbeerblätter
- Salz ♥ Pfeffer ♥ Zucker
- 300 g Kirschtomaten
- 600 g Seelachsfilet
- 250 g geschälte Garnelen
- 5 Stiele Petersilie

1 Zwiebeln und Knoblauch schälen und fein würfeln. Paprika vierteln, entkernen, waschen und in kleine Würfel schneiden.

2 Öl in einem Topf erhitzen. Zwiebeln, Knoblauch und Paprika darin ca. 5 Minuten dünsten. Dosentomaten samt Saft und 250 ml Wasser zugießen. Tomaten mit einem Pfannenwender zerkleinern. Aufkochen und Brühe einrühren. Mit Lorbeer, Salz, Pfeffer und 1 Prise Zucker würzen. Ca. 20 Minuten köcheln. Kirschtomaten nach ca. 10 Minuten waschen und mitgaren.

3 Fisch und Garnelen abspülen und trocken tupfen. Fisch in mundgerechte Stücke schneiden und in der Suppe ca. 6 Minuten gar ziehen lassen. Garnelen nach ca. 3 Minuten zufügen und mitgaren.

4 Petersilie waschen, grob hacken und unterrühren. Suppe mit Salz und Pfeffer abschmecken. Dazu schmeckt Brot.

ZUBEREITUNGSZEIT ca. 45 Min.
PORTION ca. 370 kcal
E 43 g · F 13 g · KH 11 g

Levante-Küche

Die Menschen im Nahen Osten verstehen es, Genuss, Geselligkeit und herrliche Speisen mit Liebe und Sorgfalt zuzubereiten. Hier finden Sie Anregungen für Ihre Tafel

Mezze & Hauptgerichte

Kommen Sie mit auf eine kulinarische Reise durch den Orient, denn dort wird besonders fantasievoll gewürzt und raffiniert geschlemmt

Gewürzhähnchen
mit Gemüse

ZUTATEN FÜR 8 PERSONEN
- 3 Paprikaschoten (z. B. grün, gelb und rot)
- 1 Zucchini
- 400 g grüne Bohnen
- 600 g Hokkaidokürbis
- 2 Zwiebeln
- 4 Knoblauchzehen
- 1–2 rote Chilischoten
- 7 EL Olivenöl
- 2 TL Edelsüßpaprika
- 2 Hähnchenbrüste (mit Haut, auf Knochen; à ca. 600 g)
- 4 Hähnchenkeulen (à ca. 250 g)
- Salz
- Pfeffer
- 1 EL Tomatenmark
- 2 Dosen (à 850 ml) Tomaten

1 FÜR DAS GEMÜSE Paprika vierteln, entkernen, waschen und grob würfeln. Zucchini waschen, längs halbieren und dritteln. Bohnen waschen und je nach Größe halbieren oder dritteln. Kürbis halbieren, entkernen, waschen und würfeln. Zwiebeln und Knoblauch schälen und grob würfeln. Chili längs einschneiden, entkernen, waschen und hacken.

2 FÜR DAS FLEISCH 3 EL Öl und Edelsüßpaprika verrühren. Hähnchenfilets samt Haut vom Knochen schneiden. Keulen am Gelenk halbieren. Fleisch abspülen, trocken tupfen, mit Salz würzen und mit Paprikaöl einstreichen. 4 EL Öl in einem Bräter erhitzen. Hähnchenfilets und Keulen darin getrennt kräftig anbraten, herausnehmen.

3 Vorbereitetes Gemüse, Zwiebeln, Knoblauch und Chili im Bratfett ca. 10 Minuten andünsten. Mit Salz und Pfeffer würzen. Tomatenmark zufügen und kurz anschwitzen. Tomaten samt Saft zugeben. Tomaten etwas zerkleinern. Alles aufkochen. Keulen auf das Gemüse setzen und zugedeckt im vorgeheizten Backofen (E-Herd: 200 °C/ Umluft: 180 °C/Gas: s. Hersteller) ca. 45 Minuten schmoren.

4 Bräter herausnehmen. Hähnchenfilets auf das Gemüse legen. Alles offen bei gleicher Temperatur ca. 15 Minuten weiterschmoren. Alles anrichten. Dazu schmecken persischer Reis und Minzjoghurt (s. Rezept auf Seite 145).

ZUBEREITUNGSZEIT ca. 2¼ Std.
PORTION ca. 640 kcal
E 49 g · F 29 g · KH 41 g

Dazu: Persischer **Reis**

Für 8 Personen
4 EL Butter in einem großen Topf erhitzen. ***150 g Fadennudeln*** darin ca. 2 Minuten goldbraun anrösten. ***400 g Basmatireis*** zugeben und ca. 1 Minute mitrösten. Mit ***1,2 l Wasser*** ablöschen, kräftig **salzen** und aufkochen. Zugedeckt ca. 20 Minuten garen.

ZUBEREITUNGSZEIT ca. 30 Min.

Dreierlei orientalische Dips

1 *Hummus* Kichererbsen-Sesam-Dip

ZUTATEN FÜR 8 PERSONEN
- 2 Dosen (à 425 ml) Kichererbsen
- 3 Knoblauchzehen
- 7 EL Olivenöl
- 2 EL Tahin (Sesampaste; Glas)
- Saft von 1 Zitrone
- Salz • Pfeffer
- gemahlener Kreuzkümmel

1 Kichererbsen in ein Sieb gießen, abspülen und gut abtropfen lassen. Knoblauch schälen und in Scheiben schneiden. 2 EL Öl in einer Pfanne erhitzen. Knoblauch darin ca. 1 Minute anbraten, herausnehmen.

2 Hälfte Knoblauch mit Kichererbsen, Tahin, 4 EL Öl und Zitronensaft portionsweise glatt pürieren. Gesamte Creme mit Salz, Pfeffer und Kreuzkümmel würzen. Hummus anrichten. Übrige geröstete Knoblauchscheiben darauf verteilen und mit 1 EL Öl beträufeln.

ZUBEREITUNGSZEIT ca. 20 Min.
PORTION ca. 210 kcal
E 6 g · F 13 g · KH 15 g

2 *Minzjoghurt*

ZUTATEN FÜR 8 PERSONEN
- 6 Stiele Minze (z. B. marokkanische)
- 500 g Sahnejoghurt
- Saft von 2 Zitronen
- Salz • Pfeffer
- gemahlener Kreuzkümmel
- 2–3 EL Olivenöl

1 Minze waschen und hacken. Mit Joghurt und Zitronensaft verrühren. Mit Salz, Pfeffer und Kreuzkümmel würzen.

2 Joghurt in einem Schälchen anrichten. Mit Olivenöl beträufeln und mit Pfeffer bestreuen.

ZUBEREITUNGSZEIT ca. 10 Min.
PORTION ca. 140 kcal
E 2 g · F 13 g · KH 3 g

3 *Paprika-Walnuss-Creme*

ZUTATEN FÜR 8 PERSONEN
- 4 rote Paprikaschoten
- 2 Zwiebeln • 2 Knoblauchzehen
- 1 kleine rote Chilischote
- 100 g Walnusskerne
- 3 EL Semmelbrösel
- 5 EL Granatapfelsirup oder 2–3 EL Pflaumenmus
- Saft von 2 Zitronen
- Salz
- Pfeffer
- Edelsüßpaprika
- gemahlener Kreuzkümmel
- *Küchenpapier*

1 Paprika halbieren, entkernen, waschen und mit der Hautseite nach oben auf ein Backblech legen. Zwiebeln und Knoblauch schälen, halbieren, um die Paprika legen. Im vorgeheizten Backofen (E-Herd: 230 °C/Umluft: 210 °C/Gas: s. Hersteller) 20–30 Minuten rösten, bis die Haut der Paprika bräunt.

2 Chili längs einschneiden, entkernen, waschen und grob hacken. Walnüsse grob hacken. Paprika herausnehmen, mit feuchtem Küchenpapier bedecken und ca. 15 Minuten ruhen lassen.

3 Haut der Paprikaschoten abziehen. Gehäutete Paprika, Zwiebeln, Knoblauch, Chili, Walnüsse, Semmelbrösel, Granatapfelsirup und Zitronensaft in einen Standmixer geben und glatt pürieren. Creme mit Salz, Pfeffer, Edelsüßpaprika und Kreuzkümmel würzen.

ZUBEREITUNGSZEIT ca. 1 Std.
PORTION ca. 150 kcal
E 4 g · F 9 g · KH 12 g

1 Orientalische Kartoffeln

ZUTATEN FÜR 8 PERSONEN
- 1,6 kg kleine Kartoffeln (z. B. Drillinge) ♥ Salz
- ½ Bund glatte Petersilie
- 8 Zwiebeln (z. B. rote)
- 4 EL Olivenöl ♥ 4 EL Zucker
- 3 EL Balsamico-Essig
- Saft von 2 Zitronen ♥ Pfeffer
- 1 TL gemahlener Kreuzkümmel
- 2 EL Butter

1 Kartoffeln gründlich waschen, halbieren und in Salzwasser ca. 20 Minuten kochen. Petersilie waschen und Blättchen abzupfen.

2 Zwiebeln schälen und in Spalten schneiden. Öl in einer großen Pfanne erhitzen. Zwiebeln darin ca. 10 Minuten glasig dünsten. Mit Zucker bestreuen und leicht karamellisieren lassen. Mit Essig und Zitronensaft ablöschen. Mit Salz, Pfeffer und Kreuzkümmel würzen. Butter zufügen und darin schmelzen lassen.

3 Kartoffeln abgießen, gut abtropfen lassen und mit der Petersilie zu den Zwiebeln geben. Alles gut mischen.

ZUBEREITUNGSZEIT ca. 45 Min.
PORTION ca. 240 kcal
E 3 g · F 9 g · KH 35 g

2 Sesammöhren mit Datteln

ZUTATEN FÜR 8 PERSONEN
- 1 kg Möhren ♥ 4 frische Lorbeerblätter
- 16 getrocknete Datteln ♥ 4 EL Olivenöl
- 2 EL Sesam ♥ Salz ♥ Pfeffer
- ½ TL gemahlener Kreuzkümmel

1 Möhren schälen, waschen und in ca. 3 cm große Stücke schneiden. Lorbeer waschen. Datteln entsteinen.

2 Öl in einem Topf erhitzen. Möhren und ca. 100 ml Wasser zufügen. Aufkochen und zugedeckt ca. 10 Minuten dünsten. Datteln, Lorbeer und Sesam zufügen und ca. 5 Minuten weiterdünsten. Mit Salz, Pfeffer und Kreuzkümmel würzen.

ZUBEREITUNGSZEIT ca. 40 Min.
PORTION ca. 160 kcal
E 2 g · F 7 g · KH 22 g

Ofenfalafel

ZUTATEN FÜR CA. 16 STÜCK
- 250 g getrocknete Kichererbsen
- 1 Zwiebel
- 4 Knoblauchzehen
- Salz • Pfeffer
- ½ TL Edelsüßpaprika
- ca. 1 TL gemahlener Koriander
- 1 TL gemahlener Kreuzkümmel
- 50 g Mehl
- 1 TL Backpulver
- ca. 4 EL Öl für die Hände und zum Bestreichen
- Backpapier

1 AM VORTAG Kichererbsen mit ca. 1 l kaltem Wasser bedecken und ca. 24 Stunden einweichen.

2 AM NÄCHSTEN TAG Zwiebel und Knoblauch schälen und klein schneiden. Kichererbsen abtropfen lassen und mit Knoblauch und Zwiebel glatt pürieren. Mit Salz, Pfeffer, Edelsüßpaprika, Koriander und Kreuzkümmel kräftig würzen. Masse zugedeckt mindestens 1 Stunde kühl stellen.

3 Mehl und Backpulver mischen und mit der Kichererbsenmasse verkneten. Aus der Masse mit geölten Händen ca. 16 Bällchen formen. Auf ein mit Backpapier ausgelegtes Backblech verteilen. Im vorgeheizten Backofen (E-Herd: 200 °C/Umluft: 180 °C/Gas: s. Hersteller) ca. 20 Minuten backen. Dazu schmeckt Minzjoghurt (s. Rezept auf Seite 145).

ZUBEREITUNGSZEIT ca. 1 Std. + Wartezeit ca. 25 Std.
STÜCK ca. 90 kcal
E 6 g · F 13 g · KH 15 g

EINWEICHEN *Die Kichererbsen am Vortag mit kaltem Wasser bedecken und zugedeckt einweichen.*

PÜRIEREN *Am feinsten lassen sich die Kichererbsen im Standmixer pürieren. Oder in kleinen Portionen mit einem leistungsfähigem Stabmixer zerkleinern.*

FORMEN *Für gleichmäßig große Falafel die Masse z. B. mit einem Eisportionierer abnehmen. Dann mit angefeuchteten Händen zu Talern formen.*

Taboulé *Bulgursalat mit Fenchel*

ZUTATEN FÜR 8 PERSONEN
- 3 Zwiebeln
- 10 EL Olivenöl
- 400 g Bulgur
- Salz
- 2 Fenchelknollen
- 1 großer Granatapfel
- 6 Stiele Minze (z. B. marokkanische)
- 1 Bund Petersilie
- 400 g Feta
- Saft von 2 Zitronen
- Pfeffer

1 Zwiebeln schälen und in feine Würfel schneiden. 2 EL Öl in einem Topf erhitzen. Zwiebeln darin glasig dünsten. Bulgur zufügen und kurz andünsten. Mit 800 ml Wasser ablöschen. ½ TL Salz zufügen, aufkochen und bei schwacher Hitze 8–10 Minuten garen, dabei mehrmals umrühren.

2 Fenchel waschen, halbieren und Strunk entfernen. Fenchel fein hacken. Granatapfel halbieren und Kerne herauslösen. Minze und Petersilie waschen und fein hacken. Feta grob zerbröckeln. Bulgur vom Herd nehmen und in eine weite Schüssel füllen. Auskühlen lassen.

3 Zitronensaft und 8 EL Öl verrühren, mit Salz und Pfeffer würzen. Bulgur, Fenchel, Granatapfelkerne, Kräuter, Feta und Dressing mischen. Taboulé auf einer Platte anrichten.

ZUBEREITUNGSZEIT ca. 1 Std. + Wartezeit ca. 1 Std.
PORTION ca. 400 kcal
E 13 g · F 20 g · KH 39 g

LEVANTE – MEZZE & HAUPTGERICHTE

Linsensuppe mit Kürbis und Avocado

ZUTATEN FÜR 6–8 PERSONEN
- 1 Hokkaidokürbis (ca. 1,2 kg)
- 2 Zucchini (à ca. 250 g)
- 2 Zwiebeln
- 3 Knoblauchzehen
- 1 Stück (ca. 4 cm) Ingwer
- 2 EL Öl
- 300 g gelbe Linsen (alternativ rote Linsen)
- Currypulver
- 2 EL Agavendicksaft
- 3 TL Gemüsebrühe (instant)
- 2 Lorbeerblätter
- Salz • Pfeffer
- 400 g Kirschtomaten
- 1 Granatapfel
- 2 Avocados
- Saft von 2 Limetten
- 150 g Sahnejoghurt

1 Kürbis waschen, halbieren, entkernen und in Würfel schneiden. Zucchini waschen und ebenfalls würfeln. Zwiebeln, Knoblauch und Ingwer schälen und fein würfeln.

2 Öl in einem großen Topf erhitzen. Zwiebeln, Knoblauch und Ingwer darin andünsten. Kürbis und Zucchini zufügen, ca. 5 Minuten anbraten. Linsen abspülen, abtropfen lassen und zufügen. Mit 2 TL Curry bestäuben, anschwitzen. 1,4 l Wasser und Agavendicksaft zugießen, aufkochen. Brühe einrühren, Lorbeer zufügen. Mit Salz und Pfeffer würzen. Zugedeckt ca. 20 Minuten köcheln.

3 Kirschtomaten waschen und vierteln. Granatapfel halbieren und Kerne herauslösen. Avocados halbieren, entkernen. Fruchtfleisch mit einem Esslöffel aus der Schale lösen und klein schneiden. Mit dem Saft von 1 Limette beträufeln.

4 Suppe nach Wunsch zum Teil pürieren. Tomaten in der Suppe erhitzen. Mit Salz, Pfeffer und dem Saft von 1 Limette abschmecken. Joghurt einrühren (nicht mehr kochen!). Suppe mit Avocado und Granatapfelkernen servieren.

ZUBEREITUNGSZEIT ca. 50 Min.
PORTION ca. 250 kcal
E 13 g · F 10 g · KH 28 g

Purpurner Feta-Bulgur-Salat

ZUTATEN FÜR 6–8 PERSONEN
- 3 EL Olivenöl
- 250 g Bulgur
- 400 ml + 100 ml Rote-Bete-Saft
- Salz
- 2 Zwiebeln
- 2 Knoblauchzehen
- Saft von 1 Zitrone
- gemahlener Kardamom
- gemahlener Kreuzkümmel
- Pfeffer
- 4 Rote Beten
- Öl für die Form
- ½ Staudensellerie
- 1–2 TL flüssiger Honig
- 200 g Feta

1 FÜR DEN BULGUR 1 EL Öl in einem Topf erhitzen und Bulgur darin ca. 1 Minute andünsten. 400 ml Rote-Bete-Saft, 600 ml Wasser und 1 TL Salz zugeben. Aufkochen, Bulgur einrühren und ca. 20 Minuten darin köcheln. Anschließend in eine Schüssel füllen und abkühlen lassen.

2 FÜR DIE MARINADE Zwiebeln und Knoblauch schälen und fein würfeln. Mit 100 ml Rote-Bete-Saft, Zitronensaft, 2 EL Öl, je ½ TL Kardamom und Kreuzkümmel verrühren. Marinade mit Salz und Pfeffer abschmecken.

3 FÜR DIE ROTEN BETEN Rote Beten waschen, schälen (Vorsicht: färben stark! Einmalhandschuhe tragen) und in Stücke schneiden. In einer geölten flachen Auflaufform mit 3 EL Marinade mischen. Im vorgeheizten Backofen (E-Herd: 180 °C/Umluft: 160 °C/Gas: s. Hersteller) ca. 40 Minuten backen. Abkühlen lassen.

4 Sellerie waschen, eventuell das Grün beiseitelegen. Sellerie in dünne Scheiben schneiden. Bulgur, Sellerie und übrige Marinade mischen. Rote Beten unterheben. Salat mit Salz, Pfeffer und Honig abschmecken. Feta darüberbröckeln. Eventuell Selleriegrün darüber verteilen.

ZUBEREITUNGSZEIT ca. 1 ¼ Std. + Wartezeit
PORTION ca. 340 kcal
E 12 g · F 8 g · KH 53 g

LEVANTE – MEZZE & HAUPTGERICHTE

Paprikapfännchen mit Halloumi

ZUTATEN FÜR 6–8 PORTIONEN
- 2 grüne Chilischoten
- 2 grüne Paprikaschoten
- 1 Zwiebel
- 4 Knoblauchzehen
- 100 g junger Blattspinat
- 2 EL Öl
- 3 EL Harissa (arabische Würzpaste; Tube)
- 3 EL Tomatenmark
- gemahlener Kreuzkümmel
- 2 Dosen (à 850 ml) Tomaten
- 1 Zimtstange
- 2 EL Agavendicksaft
- Salz
- 3 Stiele Petersilie
- 2 Packungen (à 250 g) Halloumi

1 Chili längs einschneiden, entkernen, waschen und in feine Ringe schneiden. Paprika vierteln, entkernen, waschen und grob würfeln. Zwiebel schälen und in Streifen schneiden. Knoblauch schälen und hacken. Spinat waschen und abtropfen lassen.

2 Öl in einem flachen Bräter oder einer großen ofenfesten Pfanne erhitzen. Harissa, Tomatenmark und 2 TL Kreuzkümmel darin ca. 2 Minuten anschwitzen. Chiliringe, Paprika, Zwiebel und Knoblauch zufügen und weitere ca. 5 Minuten dünsten. Tomaten samt Saft zugießen. Tomaten grob zerkleinern. Zimtstange und Agavendicksaft zufügen. Aufkochen und ca. 6 Minuten köcheln. Spinat einrühren und ca. 1 Minute mitköcheln. Mit Salz abschmecken.

3 Petersilie waschen und abzupfen. Halloumi in je 6–8 Scheiben schneiden. Die Käsescheiben nebeneinander aufs Tomaten-Spinat-Gemüse legen und mit der Petersilie bestreuen. Im vorgeheizten Backofen (E-Herd: 200 °C/Umluft: 180 °C/Gas: s. Hersteller) 15–20 Minuten gratinieren, bis der Käse goldbraun wird.

ZUBEREITUNGSZEIT ca. 1 Std.
PORTION ca. 330 kcal
E 20 g · F 21 g · KH 12 g

Gart praktisch im Ofen

Mezze-Trio

ZUTATEN FÜR 6–8 PORTIONEN
- 2 kleine rote Chilischoten
- 6 Stiele Thymian
- 2 TL Zatar (arabische Gewürzmischung mit Thymian, Sumach, Kreuzkümmel und Sesam)
- 8 EL Olivenöl ♥ Salz
- 1 Dose (425 ml) Kichererbsen
- 1 kg Süßkartoffeln
- 3 kleine Auberginen
- *Backpapier*

1 FÜR DIE MARINADE Chilischoten längs einschneiden, entkernen, waschen und in feine Ringe schneiden. Thymian waschen, Blättchen abzupfen. Chiliringe, Thymian, Zatar, Öl und 1–2 TL Salz verrühren.

2 FÜR DAS GEMÜSE Kichererbsen abspülen, abtropfen lassen und auf einem mit Backpapier ausgelegten Blech verteilen. Süßkartoffeln waschen, längs in grobe Spalten schneiden. Auberginen waschen und längs halbieren. Mit Süßkartoffeln auf ein zweites mit Backpapier ausgelegtes Backblech legen. Kichererbsen, Auberginen und Süßkartoffeln mit der Marinade beträufeln. Zusammen im vorgeheizten Backofen vorheizen (E-Herd: 230 °C/Umluft: 210 °C/Gas: s. Hersteller), ca. 30 Minuten backen. Nach ca. 15 Minuten Bleche tauschen.

3 Kichererbsen aus dem Ofen nehmen. Ofengrill zuschalten. Auberginen und Süßkartoffeln auf mittlerer Schiene weitere ca. 8 Minuten überbacken. Gemüse mit Kichererbsen anrichten. Dazu schmeckt Joghurt mit Kresse.

ZUBEREITUNGSZEIT ca. 1 Std.
PORTION ca. 340 kcal
E 8 g · F 15 g · KH 41 g

Mercimek köftesi
Rote-Linsen-Frikadellen

ZUTATEN FÜR 6 PERSONEN
- 125 g Bulgur (instant)
- 200 g rote Linsen
- 1 große Zwiebel
- ca. 8 EL Olivenöl
- 1 EL Tomatenmark
- 2 EL Biber salçasi (türkische Paprikapaste)
- 1 gehäufter TL gemahlener Kreuzkümmel
- 1 gehäufter TL Rosenpaprika
- 1 Bund Lauchzwiebeln
- 1 kleiner Kopfsalat
- Salz • Pfeffer
- 1 EL Zitronensaft
- eventuell Zitrone zum Garnieren

1 Bulgur in ein Sieb geben, waschen und gut abtropfen lassen. Linsen und 600 ml Wasser in einem Topf aufkochen und zugedeckt bei schwacher Hitze ca. 15 Minuten garen, bis die Linsen sehr weich sind. Linsen vom Herd nehmen. Bulgur unterrühren. Zugedeckt ca. 15 Minuten ziehen lassen.

2 Inzwischen Zwiebel schälen und fein würfeln. 2 EL Öl in einer Pfanne erhitzen. Zwiebel darin glasig dünsten. Tomatenmark, Paprikapaste, Kreuzkümmel und Rosenpaprika zugeben und unter Rühren ca. 2 Minuten dünsten, bis die Mischung duftet. Zur Linsenmischung geben, gut verrühren und zugedeckt abkühlen lassen.

3 Lauchzwiebeln waschen und in Ringe schneiden. Salat waschen und abtropfen lassen.

4 Linsenmischung mit Salz, Pfeffer und Zitronensaft würzen. Mit den Händen gut verkneten. Falls die Masse zu trocken ist, esslöffelweise noch etwas Wasser unterkneten. Aus der Masse ca. 30 Bällchen formen, dabei mit dem Daumen eine Mulde hineindrücken. Bällchen auf den Salatblättern anrichten, mit ca. 6 EL Öl beträufeln und mit Lauchzwiebeln bestreuen. Eventuell mit Zitronenspalten garnieren.

ZUBEREITUNGSZEIT ca. 1 Std. + Wartezeit ca. 30 Min.
PORTION ca. 310 kcal
E 12 g · F 14 g · KH 33 g

Zweierlei *Pide*

ZUTATEN FÜR 8 STÜCK
- 2 Zwiebeln
- 3 EL Öl
- 250 g TK-Blattspinat
- Salz
- Pfeffer
- Edelsüßpaprika
- 2 Tomaten
- 250 g Rinderhack
- 1 EL Tomatenmark
- gemahlener Kreuzkümmel
- 2 Rollen (à 400 g) Pizzateig (Kühlregal)
- 150 g Feta
- 1 EL Sesam (evtl. schwarzer)
- *Backpapier*

1 Zwiebeln schälen und würfeln. Hälfte Zwiebeln in 1 EL heißem Öl andünsten. Gefrorenen Spinat und 7 EL Wasser zufügen, zugedeckt ca. 10 Minuten dünsten, bis der Spinat aufgetaut ist. Dann offen ca. 6 Minuten weitergaren, bis die gesamte Flüssigkeit verdampft ist. Mit Salz, Pfeffer und Edelsüßpaprika würzen. Spinat kurz abkühlen lassen und grob hacken.

2 Tomaten waschen und fein würfeln. 1 EL Öl erhitzen. Hack darin krümelig braten. Tomaten und Rest Zwiebeln kurz mitbraten. Tomatenmark einrühren. Mit Salz, Pfeffer und Kreuzkümmel würzen.

3 Je 1 Pizzateig ohne Papier auf ein mit Backpapier ausgelegtes Backblech legen und quer in vier Streifen schneiden. Spinat- und Hackfüllung getrennt auf je 4 Teigstücke verteilen, dabei rundherum ca. 1,5 cm Rand frei lassen. Die Längsseiten zur Mitte hin so umklappen, dass die Enden übereinanderliegen und Schiffchen entstehen. Gut andrücken.

4 Feta zerbröckeln und auf den Spinat streuen. Teigränder mit 1 EL Öl bestreichen und mit Sesam bestreuen. Im vorgeheizten Backofen (E-Herd: 200 °C/Umluft: 180 °C/Gas: s. Hersteller) ca. 20 Minuten backen.

ZUBEREITUNGSZEIT ca. 1 ¼ Std.
PORTION ca. 410 kcal
E 20 g · F 15 g · KH 46 g

KÖSTLICHE VARIANTEN
Pide, die türkische Antwort auf die italienische Pizza, können Sie genauso vielseitig belegen, z. B. mit Pilzen und Sucuk, der türkischen Wurst, oder mit einer Creme aus Feta, fein gewürfelter Paprika und Lauchzwiebeln.

Kebab *mit Joghurt und Tomatensoße*

ZUTATEN FÜR 6 PERSONEN
- 2 Knoblauchzehen
- 250 g Sahnejoghurt
- Salz
- 2 Zwiebeln
- 1 EL Butter
- 1 Dose (425 ml) Tomaten
- Pfeffer
- 1 Brötchen (vom Vortag)
- 3–4 Stiele glatte Petersilie
- 600 g Lamm- oder Rinderhack
- 1 Ei
- 1 EL Tomatenmark
- 1 EL Biber salçasi (gewürztes Paprikamark; Glas)*
- gemahlener Kreuzkümmel
- Edelsüßpaprika
- 2 EL Olivenöl
- 4 dünne Fladenbrote*
- eventuell ½ Bund Minze
- 12–16 Holzspieße

1 FÜR DIE JOGHURTSOSSE Knoblauch schälen, fein zerdrücken und Hälfte unter den Joghurt rühren. Mit Salz abschmecken. **FÜR DIE TOMATENSOSSE** Zwiebeln schälen und fein würfeln. Butter in einem Topf erhitzen. Hälfte Zwiebeln und Rest Knoblauch darin andünsten. Tomaten samt Saft zufügen. Tomaten mit einem Pfannenwender etwas zerkleinern. Aufkochen und ca. 5 Minuten köcheln. Mit Salz und Pfeffer würzen. Warm stellen.

2 FÜR DIE SPIESSE Brötchen in Wasser einweichen. Petersilie waschen und fein hacken. Hack, ausgedrücktes Brötchen, Ei, Petersilie, restliche Zwiebelwürfel, Tomatenmark und Biber salçasi verkneten. Mit ca. 1 TL Salz, ca. ½ TL Pfeffer, ca. ½ TL Kreuzkümmel und ca. 1 TL Edelsüßpaprika würzen. Aus dem Hack 12–16 längliche Frikadellen formen und einzeln auf Holzspieße stecken.

3 Öl in einer großen Pfanne erhitzen. Spieße darin portionsweise unter Wenden 8–10 Minuten braten oder auf einem heißen Grill rundherum grillen. Fertige Spieße im vorgeheizten Backofen (E-Herd: 100 °C/Umluft: 80 °C/Gas: s. Hersteller) warm stellen.

4 Fladenbrot ebenso im Ofen 3–5 Minuten erwärmen. Spieße auf das Fladenbrot legen, Joghurt- und Tomatensoße darübergeben. Eventuell mit Minze garnieren.

ZUBEREITUNGSZEIT ca. 50 Min.
PORTION ca. 670 kcal
E 26 g · F 37 g · KH 53 g

*im türkischen Lebensmittelgeschäft erhältlich

LEVANTE – MEZZE & HAUPTGERICHTE

Yaprak Sarmasi *Weinblätter mit Linsen*

ZUTATEN FÜR CA. 50 STÜCK
- 80 g grüne Linsen
- 125 g feiner Bulgur
- 1 Bund glatte Petersilie
- 1 Bund Dill
- 1 Bund Lauchzwiebeln
- 2 Zitronen (1 davon bio)
- 200 g Tomatenmark
- 1 TL Pul biber (geschrotete Chilischoten)*
- Salz
- 100–150 eingelegte Weinblätter (aus dem Glas)*

1 Linsen in kochendem Wasser ca. 20 Minuten garen. Bulgur in gut 200 ml warmem Wasser ca. 20 Minuten quellen lassen. Kräuter waschen und fein schneiden. Lauchzwiebeln waschen und fein hacken. 1 Zitrone auspressen.

2 Linsen und Bulgur in ein Sieb gießen, abspülen und abtropfen lassen. Tomatenmark, Pul biber, ca. ¼ TL Salz und Zitronensaft verrühren. Mit Linsen, Bulgur, Kräutern und Lauchzwiebeln mischen.

3 Weinblätter in eine mit kaltem Wasser gefüllte Schüssel geben und vorsichtig voneinander lösen. Weinblätter trocken tupfen und nebeneinander auf der Arbeitsfläche ausbreiten. Je nach Größe 2–3 Blätter leicht überlappend aufeinanderlegen. Je 1 EL Füllung auf die Blätter verteilen. Blätter an den Seiten über die Füllung einschlagen und eng aufrollen.

4 Bio-Zitrone heiß waschen, in Scheiben schneiden und auf dem Boden eines Topfes verteilen. Röllchen dicht an dicht darauf einschichten. Topf mit Wasser füllen, bis die Weinblätter bedeckt sind. Aufkochen und zugedeckt ca. 30 Minuten köcheln. Weinblätter mit Zitronenscheiben anrichten. Dazu schmeckt Sahnejoghurt.

ZUBEREITUNGSZEIT ca. 1½ Std. + Wartezeit
STÜCK ca. 20 kcal
E 1 g · F 0 g · KH 3 g

*im türkischen Lebensmittelgeschäft erhältlich

Menemen *Bauernfrühstück mit Sucuk*

ZUTATEN FÜR 6 PERSONEN
- 4 große Zwiebeln
- 500 g grüne türkische Spitzpaprika
- 1 milde grüne Chilischote
- 1 Sucuk (180 g; türkische Rohwurst)
- 2 EL Olivenöl
- 1 Dose (850 ml) Tomaten
- Salz
- Zucker
- 1 Bund glatte Petersilie
- 6 Eier

1 Zwiebeln schälen und grob würfeln. Paprika vierteln, entkernen, waschen und in Streifen schneiden. Chili längs einschneiden, entkernen, waschen und in feine Ringe schneiden. Von der Sucuk die Haut abziehen. Wurst längs halbieren und in Scheiben schneiden.

2 Öl in einer großen ofenfesten, beschichteten Pfanne erhitzen. Zwiebeln, Chili und Wurst darin ca. 10 Minuten schmoren. Nach ca. 5 Minuten Paprika zugeben und mitschmoren.

3 Tomaten samt Saft zum Gemüse geben. Tomaten etwas zerkleinern, aufkochen und ca. 5 Minuten weiterköcheln. Alles mit Salz und 1 Prise Zucker abschmecken.

4 Petersilie waschen und hacken. Petersilie in die Gemüsesoße rühren. Eier nebeneinander in die Pfanne aufschlagen. Im vorgeheizten Backofen (E-Herd: 180 °C/ Umluft: 160 °C/Gas: s. Hersteller) ca. 10 Minuten stocken lassen. Wer keine ofenfeste Pfanne hat, kann die Eier auch bei geschlossenem Deckel bei schwacher Hitze ca. 10 Minuten auf dem Herd stocken lassen. Dazu schmeckt Fladenbrot oder Simit (Sesamring).

ZUBEREITUNGSZEIT ca. 45 Min.
PORTION ca. 280 kcal
E 16 g · F 19 g · KH 9 g

Knusprige Fladen mit Kartoffelfüllung

ZUTATEN FÜR 6 STÜCK
- 750 g Kartoffeln
- 4 Tomaten
- 1 Salatgurke
- 2 Zwiebeln
- 4 EL Zitronensaft
- Salz
- Pfeffer
- Zucker
- 9 EL Öl
- 1 Knoblauchzehe
- Chiliflocken
- 500 g Mehl
- ½ Würfel (21 g) frische Hefe
- Mehl zum Ausrollen
- 4–5 Stiele glatte Petersilie

1 FÜR DIE FÜLLUNG Kartoffeln waschen und ca. 20 Minuten kochen. FÜR DEN SALAT Tomaten und Gurke waschen und klein schneiden. Zwiebeln schälen, 1 in Streifen schneiden. Zitronensaft, Salz, Pfeffer und 1 Prise Zucker verrühren. 3 EL Öl unterschlagen. Salatzutaten untermischen.

2 Kartoffeln abschrecken, schälen und klein schneiden. Knoblauch schälen. Übrige Zwiebel und Knoblauch würfeln. Mit Kartoffeln in 2 EL heißem Öl ca. 5 Minuten braten. Mit Salz und Chiliflocken würzen. Alles grob zerstampfen.

3 FÜR DEN TEIG Mehl und ½ TL Salz mischen. Hefe in 250 ml lauwarmem Wasser auflösen. Mit 1 EL Öl zum Mehl geben und alles zum glatten Teig verkneten (der Teig muss nicht gehen).

4 Teig in sechs Portionen teilen und jeweils auf Mehl rund (ca. 20 cm Ø) ausrollen. Kartoffelmasse jeweils auf eine Kreishälfte verteilen. Ränder mit Wasser bestreichen. Teig über die Füllung klappen und andrücken. 3 EL Öl in einer beschichteten Pfanne erhitzen. Fladen darin von jeder Seite goldbraun braten. Petersilie waschen, hacken und unter den Salat mischen. Fladen in Streifen schneiden und mit Salat anrichten.

ZUBEREITUNGSZEIT ca. 1½ Std.
PORTION ca. 530 kcal
E 12 g · F 16 g · KH 81 g

LEVANTE – MEZZE & HAUPTGERICHTE

Ezmeler Türkische Dips

1 *Ezme* Tomaten-Paprika-Dip

ZUTATEN FÜR 6 PERSONEN
- 4 Tomaten (ca. 400 g)
- 100 g grüne türkische Spitzpaprika
- 1 Zwiebel ♥ Salz ♥ 2 Knoblauchzehen
- ½ Bund glatte Petersilie
- 5 Stiele Minze ♥ 2 EL Biber salçasi (türkische Paprikapaste)
- 1 TL Rosenpaprika
- Cayennepfeffer
- Saft von 1 Zitrone ♥ 3 EL Olivenöl
- 60 g Walnusskerne

1 Tomaten kreuzweise einritzen, mit kochendem Wasser überbrühen und kurz ziehen lassen. Tomaten abschrecken, häuten, vierteln und entkernen. Paprika halbieren, entkernen, waschen und klein schneiden. Zwiebel schälen und grob würfeln. Tomaten, Paprika und Zwiebel im Universalzerkleinerer fein, aber noch stückig zerkleinern. Gemüsemischung mit Salz würzen und in einem Sieb ca. 10 Minuten abtropfen lassen.

2 Knoblauch schälen, Kräuter waschen und beides fein hacken. Abgetropfte Gemüsemischung mit Knoblauch, Kräutern, Paprikapaste, Rosenpaprika, Cayennepfeffer, Zitronensaft und Öl verrühren. Ezme ca. 5 Stunden, besser über Nacht, zugedeckt kalt stellen.

3 Walnüsse grob hacken und in einer Pfanne ohne Fett rösten. Abkühlen lassen. Ezme mit Walnüssen bestreut servieren.

ZUBEREITUNGSZEIT ca. 35 Min. + Wartezeit ca. 5 Std.
PORTION ca. 140 kcal
E 2 g · F 12 g · KH 4 g

2 *Havuc ezmesi* Möhren-Kreuzkümmel-Dip

ZUTATEN FÜR 6 PERSONEN
- 750 g Möhren
- 2 EL Olivenöl
- 250 g türkischer Joghurt (10 % Fett)
- Salz
- gemahlener Kreuzkümmel

1 Möhren schälen, waschen und fein raspeln. Öl in einem Topf erhitzen. Möhren darin zugedeckt bei schwacher Hitze ca. 20 Minuten dünsten, dabei zwischendurch umrühren. Topf vom Herd ziehen. Möhren auskühlen lassen.

2 Joghurt unter die Möhren rühren. Dip mit Salz und Kreuzkümmel würzen.

ZUBEREITUNGSZEIT ca. 35 Min. + Wartezeit ca. 1 Std.
PORTION ca. 120 kcal
E 3 g · F 8 g · KH 7 g

3 *Patlican ezmesi* Auberginendip

ZUTATEN FÜR 6 PERSONEN
- 1,2 kg Auberginen
- 1 junge Knoblauchknolle
- 2–3 EL Zitronensaft
- 250 g türkischer Joghurt (10 % Fett)
- 8 EL Olivenöl
- Salz ♥ Pfeffer
- *Backpapier*

1 Auberginen waschen und mehrmals mit einer Gabel einstechen. Mit Knoblauch auf ein mit Backpapier belegtes Backblech legen. Im vorgeheizten Backofen (E-Herd: 230 °C/Umluft: 210 °C/Gas: s. Hersteller) 35–40 Minuten backen, bis das Gemüse sehr weich ist.

2 Gemüse ca. 5 Minuten abkühlen lassen. Haut von den Auberginen abziehen. Auberginen klein schneiden und mit 2 EL Zitronensaft beträufeln. In ein Sieb geben und etwas ausdrücken. Knoblauchzehen aus der Schale drücken. Auberginen und Knoblauch mit einer Gabel verrühren. Auskühlen lassen.

3 Auberginenmus mit Joghurt und Öl unterrühren. Mit Salz, Pfeffer und Rest Zitronensaft abschmecken.

ZUBEREITUNGSZEIT ca. 1 Std. + Wartezeit ca. 30 Min.
PORTION ca. 210 kcal
E 5 g · F 18 g · KH 6 g

Lahmacun *Türkische Pizza*

ZUTATEN FÜR 10–12 STÜCK
- ½ Würfel (21 g) frische Hefe
- 1 EL Zucker
- 500 g Mehl ♥ Salz
- 5 Zwiebeln (davon 2 rote)
- 2 türkische Spitzpaprika
- 6 reife Tomaten
- 2 Knoblauchzehen
- 1 Bund Petersilie
- 250 g Lamm- oder Rinderhack
- 100 ml Olivenöl
- 3 EL Tomatenmark
- 2 EL Biber salçasi (gewürztes Paprikamark; Glas)*
- Pfeffer ♥ 1 TL getrockneter Thymian
- 1–2 TL gemahlener Kreuzkümmel
- ½ TL Pul biber (geschrotete Chilischoten)*
- Mehl zum Ausrollen
- 1 Minisalatgurke
- *Backpapier*

1 FÜR DEN TEIG Hefe und Zucker flüssig rühren. Mehl, 1 Prise Salz und flüssige Hefe in eine Schüssel geben. Nach und nach ca. 350 ml lauwarmes Wasser mit den Knethaken des Rührgeräts unterkneten, bis ein glatter Hefeteig entstanden ist. Zugedeckt an einem warmen Ort ca. 45 Minuten gehen lassen.

2 Weiße Zwiebeln schälen. Paprika halbieren, entkernen und waschen. 2 Tomaten waschen. Knoblauch schälen. Alles fein würfeln. Petersilie waschen und hacken. Alles mit Hack, Öl, Tomatenmark und Biber salçasi verkneten. Hackmasse mit Salz, Pfeffer, Thymian, Kreuzkümmel und Pul biber würzen.

3 Teig in 10–12 Stücke teilen. Jedes Stück auf etwas Mehl rund (ca. 20 cm Ø) ausrollen. 2 Fladen auf ein mit Backpapier ausgelegtes Backblech legen. Jeweils dünn mit Hackmasse bestreichen. Im vorgeheizten Backofen (E-Herd: 200 °C/Umluft: 180 °C/Gas: s. Hersteller) ca. 10 Minuten backen. Aus den übrigen Fladen und der Hackmasse 8–10 weitere Pizzen backen.

4 Gurke und 4 Tomaten waschen, rote Zwiebeln schälen. Alles in dünne Ringe hobeln bzw. Scheiben schneiden. Lahmacun mit Tomaten, Gurke und Zwiebeln belegen und evtl. aufrollen. Dazu schmeckt ein cremiger Joghurt.

ZUBEREITUNGSZEIT ca. 1½ Std. + Wartezeit ca. 45 Min.
STÜCK ca. 310 kcal
E 9 g · F 14 g · KH 34 g

*im türkischen Lebensmittelgeschäft erhältlich

LEVANTE – MEZZE & HAUPTGERICHTE

Knuspriger Abendsnack

Sigara böregi Filo-Feta-Zigarren
mit gebratener Zucchini und Knoblauchjoghurt

ZUTATEN FÜR 18 RÖLLCHEN
- 1 Lauchzwiebel
- 200 g Feta
- 2 Eigelb (Gr. M)
- 1 Packung (ca. 300 g) Filo- oder Yufkateig (18 dreieckige Blätter; Kühlregal)
- 18 TL + 8–9 EL Olivenöl
- 2 EL + 250 g türkischer Joghurt (10 % Fett)
- 1 Knoblauchzehe
- Salz • Chiliflocken
- 1 Zucchini (ca. 300 g)
- *Backpapier*

1 Lauchzwiebel waschen und in sehr feine Ringe schneiden. Feta mit den Händen fein zerbröckeln. Beides mit 1 Eigelb verrühren.

2 Teigblätter mit je 1 TL Öl bestreichen. Je ca. 1 EL Füllung an der unteren Kante verteilen. Erst die seitlichen Teigränder nach innen, dann das untere Teigende etwas über die Füllung klappen. Zu dünnen Zigarren (Böregi) aufrollen. Auf ein mit Backpapier ausgelegtes Backblech legen. Mit 4–5 EL Öl einstreichen.

3 Im vorgeheizten Backofen (E-Herd: 230 °C/Umluft: 210 °C/Gas: s. Hersteller) ca. 5 Minuten backen. Inzwischen 1 Eigelb und 2 EL Joghurt verquirlen. Böregi damit bestreichen. Weitere ca. 10 Minuten knusprig backen.

4 FÜR DEN JOGHURT Knoblauch schälen und grob hacken. Ca. ¼ TL Salz daraufstreuen und mit einer Gabel fein zerdrücken. 250 g Joghurt und Knoblauch verrühren.

5 FÜR DIE ZUCCHINI Zucchini waschen und in Scheiben schneiden. 4 EL Öl portionsweise in einer großen Pfanne erhitzen. Zucchinischeiben darin portionsweise ca. 4 Minuten braten. Mit Salz und Chili würzen. Alles anrichten.

ZUBEREITUNGSZEIT ca. 1 ½ Std.
STÜCK ca. 140 kcal
E 4 g · F 8 g · KH 11 g

Desserts

Wie aus einem Traum aus 1001 Nacht verführen uns die Leckereien – mit viel Liebe zubereitet

Grießkuchen
mit Orangensalat

ZUTATEN FÜR CA. 32 WÜRFEL
- ca. 2 EL Tahin (Sesampaste; Glas) für die Form
- 150 g Butter
- 500 g Hartweizengrieß
- 150 g + 150 g Zucker
- 2 gestrichene TL Backpulver
- 1 TL Natron
- 150 ml Milch
- 175 ml + 200 ml Orangensaft
- 3 Orangen ♥ 1 Granatapfel

1 FÜR DEN KUCHEN Springform (26 cm Ø) am Boden mit Tahin ausstreichen. Butter schmelzen. Grieß, 150 g Zucker, Backpulver und Natron mischen. Milch, Butter und 175 ml Orangensaft unterrühren. Teig in die Form streichen. Im vorgeheizten Backofen (E-Herd: 180 °C/ Umluft: 160 °C/Gas: s. Hersteller) ca. 35 Minuten backen.

2 FÜR DEN SIRUP 200 ml Orangensaft und 150 g Zucker aufkochen und ca. 30 Minuten sirupartig einköcheln (ergibt ca. 150 ml Sirup).

3 Kuchen aus dem Ofen nehmen, kurz ruhen lassen und in der Form mit einem Holzspieß mehrmals einstechen. Kuchen mit ca. ⅔ Orangensirup gleichmäßig beträufeln. Kuchen auskühlen lassen.

4 FÜR DEN SALAT Orangen so schälen, dass die weiße Haut vollständig entfernt wird. Orangen in dünne Scheiben schneiden. Granatapfelkerne aus der Schale lösen. Beides mit übrigem Sirup mischen. Kuchen aus der Form lösen und in ca. 4 cm große Würfel schneiden. Mit Orangensalat anrichten.

ZUBEREITUNGSZEIT ca. 1 Std. + Wartezeit ca. 2 Std.
STÜCK ca. 130 kcal
E 2 g · F 4 g · KH 20 g

LEVANTE – DESSERTS

Baklava

ZUTATEN FÜR CA. 50 STÜCK
- 1 Packung (250 g) Filo- oder Yufkateig (10 Blätter; Kühlregal)
- 150 g Butter
- 200 g Pistazienkerne
- 4 EL Sesam
- 400 g Zucker
- 3 TL Zitronensaft
- Alufolie

1 Teigblätter bei Raumtemperatur ca. 10 Minuten ruhen lassen. Butter schmelzen. Teigblätter halbieren. Eine ofenfeste Form (ca. 20 x 30 cm) dünn mit Butter ausfetten. 15 Lagen Filoteig übereinander hineinlegen, dabei jede Lage dünn mit Butter einstreichen und die komplette Fläche der Form nutzen. Die einzelnen Teigblätter abwechselnd an den linken oder rechten Formrand ansetzen, sodass die komplette Form ausgefüllt ist.

2 Pistazien im Universalzerkleinerer fein hacken. Bis auf 2 EL zum Bestreuen, mit Sesam mischen und auf dem Teig verteilen. Übrige Teigblätter daraufleglen und mit übriger Butter einstreichen. Teigplatte mit einem scharfen Messer in Rechtecke (ca. 3 x 4 cm) schneiden. Restliche Butter darübergießen.

3 Im vorgeheizten Backofen (E-Herd: 200 °C/Umluft: 180 °C/Gas: s. Hersteller) ca. 45 Minuten goldbraun backen. Nach 15–20 Minuten eventuell zudecken.

4 300 ml Wasser, Zucker und Zitronensaft aufkochen und unter Rühren bei schwacher Hitze ca. 20 Minuten sirupartig einkochen.

5 Baklava aus dem Ofen nehmen und sofort den heißen Sirup gleichmäßig darübergießen. Auskühlen lassen. Baklava vor dem Servieren mit übrigen Pistazien bestreuen.

ZUBEREITUNGSZEIT ca. 1 ¼ Std.+ Wartezeit
STÜCK ca. 100 kcal
E 1 g · F 5 g · KH 12 g

Leckeres aus Nordafrika

Hier vereint sich Einfaches mit traditionsreicher Raffinesse, hinter der ein ganzer Kontinent steht. Wärmende Gewürze und feine Aromen verbinden sich aufs Appetitlichste

Hauptgerichte

Tauchen Sie ein in die reiche Küche beliebter Urlaubsländer wie Marokko und Tunesien und lassen Sie sich von den exotischen Düften verführen

Schmeckt prima zum Frühstück

NORDAFRIKA – HAUPTGERICHTE

Spinat-Shakshuka

ZUTATEN FÜR 2 PERSONEN
- 2–3 Lauchzwiebeln
- 1 Zwiebel
- 1 Knoblauchzehe
- 4–5 Stiele glatte Petersilie
- 500 g junger Blattspinat
- 2 EL Olivenöl
- Salz
- Pfeffer
- gemahlener Kreuzkümmel
- 2–4 Eier (Gr. M)

1 Lauchzwiebeln waschen und in feine Ringe schneiden. Zwiebel und Knoblauch schälen und fein würfeln. Petersilie waschen und fein hacken. Spinat verlesen, waschen und gut abtropfen lassen.

2 Öl in einer Pfanne erhitzen. Lauchzwiebeln, Zwiebel und Knoblauch darin 1–2 Minuten andünsten. Spinat und Petersilie zufügen. Spinat in 1–2 Minuten zusammenfallen lassen. Mit Salz, Pfeffer und Kreuzkümmel kräftig würzen.

3 Mit einem Esslöffel 2–4 kleine Mulden in den Spinat drücken. Eier einzeln aufschlagen und vorsichtig in die Spinatmulden gleiten lassen. Bei schwacher Hitze 5–6 Minuten stocken lassen, dabei die Pfanne halb zudecken. Dazu schmeckt knuspriges Baguette.

ZUBEREITUNGSZEIT ca. 30 Min.
PORTION ca. 300 kcal
E 19 g · F 21 g · KH 7 g

FIXER ZUBEREITEN
Wer keinen frischen Spinat beim Gemüsehändler oder im Supermarkt bekommt, nimmt einfach tiefgefrorenen Blattspinat. Diesen dann rechtzeitig auftauen lassen und danach leicht ausdrücken, bevor er in die Pfanne kommt.

Fattouche *Marokkanischer Brotsalat*

ZUTATEN FÜR 4 PERSONEN
- 1 Fladenbrot (ca. 450 g)
- 7 EL Olivenöl
- 3 Zwiebeln (z. B. rote)
- 1 Salatgurke
- 1 große rote Paprikaschote (ca. 250 g)
- 200 g Kirschtomaten
- ½ Kopfsalat
- 1 Bund glatte Petersilie
- 1 Bund Minze
- 2 EL Zitronensaft
- 1 EL Honig
- ½ TL Ras el-Hanout (marokkanische Gewürzmischung)
- Salz ♥ Pfeffer
- ½ TL Sumach (fruchtig-säuerliches Gewürz; türkisches Lebensmittelgeschäft)

1 Fladenbrot auf ein Backblech legen, mit 2 EL Öl beträufeln und im vorgeheizten Backofen (E-Herd: 180 °C/Umluft: 160 °C/Gas: s. Hersteller) 10–15 Minuten backen. Abkühlen lassen.

2 Inzwischen Zwiebeln schälen und in dünne Ringe schneiden. Gurke schälen, waschen, längs vierteln und klein schneiden. Paprika vierteln, entkernen, waschen und klein würfeln. Tomaten waschen und halbieren. Salat waschen, gut abtropfen lassen und in mundgerechte Stücke zupfen. Petersilie und Minze waschen und die Blättchen abzupfen.

3 Zitronensaft, Honig und Ras el-Hanout verrühren. Mit Salz und Pfeffer würzen. 4 EL Öl unterschlagen. Zwiebeln, Gurke, Paprika, Tomaten, Salat, Kräuter und Dressing mischen und ca. 10 Minuten durchziehen lassen. Eventuell mit Salz und Pfeffer abschmecken.

4 Fladenbrot in kleine Stücke zupfen. In einer Schüssel mit Sumach und 1 EL Öl mischen. Brotstücke mit dem Salat mischen und sofort servieren.

ZUBEREITUNGSZEIT ca. 25 Min.
PORTION ca. 440 kcal
E 10 g · F 19 g · KH 55 g

NORDAFRIKA – HAUPTGERICHTE

Hähnchenfilet mit Taboulé
und Minzjoghurt

ZUTATEN FÜR 4 PERSONEN
- 6 EL Olivenöl
- Salz
- 250 g Couscous (grober Hartweizengrieß)
- 500 g Tomaten
- 250 g Salatgurke
- 1 Zwiebel (z. B. rote)
- 1 Bund glatte Petersilie
- Saft von 1 Zitrone
- bunter Pfeffer
- 4 Hähnchenfilets (à ca. 150 g)
- Zimt
- 1 Bund Minze
- 400 g Vollmilchjoghurt
- eventuell Zitrone zum Garnieren

1 FÜR DEN COUSCOUS 250 ml Wasser, 1 EL Öl und 1 TL Salz in einer großen Pfanne aufkochen. Pfanne vom Herd ziehen und Couscous einrühren. Ca. 5 Minuten quellen lassen.

2 Tomaten waschen und in grobe Würfel schneiden. Gurke waschen, längs vierteln und in Scheiben schneiden. Zwiebel schälen und würfeln. Petersilie waschen und hacken. Couscous, Tomaten, Gurke, Zwiebel, Petersilie, 3 EL Öl und Zitronensaft mischen. Mit Salz und Pfeffer würzen, beiseitestellen.

3 Fleisch abspülen, trocken tupfen und mit Salz und Pfeffer würzen. 2 EL Öl in einer Pfanne erhitzen. Filets darin pro Seite ca. 5 Minuten braten. Mit Zimt bestäuben und kurz mitbraten.

4 Minze waschen und in feine Streifen schneiden. Joghurt mit Minze verrühren. Mit Pfeffer würzen. Salat nochmals abschmecken. Mit Hähnchenfilets und Joghurt servieren. Eventuell mit Zitronenspalten garnieren.

ZUBEREITUNGSZEIT ca. 40 Min.
PORTION ca. 630 kcal
E 41 g · F 32 g · KH 43 g

Hähnchen-Tajine *mit Aubergine*

ZUTATEN FÜR 4 PERSONEN
- 2–3 Auberginen (ca. 500 g)
- 2 Zwiebeln
- 4 Tomaten
- 2 kandierte Zitronenscheiben
- ½ Bund Koriander
- 8 Stiele Thymian
- 1 küchenfertiges Hähnchen (ca. 1,3 kg)
- 4 EL Olivenöl
- Salz
- 250–350 ml Geflügelfond (Glas)
- Pfeffer
- Zimt
- 1 Messerspitze Safranfäden oder 1 Döschen gemahlener Safran (0,1 g)
- 75 g kleine schwarze Oliven mit Stein

1 Auberginen waschen und in Würfel schneiden. Zwiebeln schälen und würfeln. Tomaten kreuzweise einritzen, mit kochendem Wasser überbrühen und kurz ziehen lassen. Tomaten abschrecken, häuten, vierteln, entkernen und klein würfeln. Kandierte Zitrone in Stücke schneiden. Koriander und Thymian waschen und hacken.

2 Hähnchen in 8–10 Teile zerlegen, abspülen und trocken tupfen. 2 EL Öl in einem Bräter erhitzen. Hähnchenteile darin ca. 5 Minuten goldbraun anbraten. Mit Salz würzen, herausnehmen.

3 1 EL Öl im Bratfett erhitzen. Zwiebelwürfel 2–3 Minuten darin braten. Auberginenwürfel und 1 EL Öl zugeben, ca. 2 Minuten mitbraten. Fleisch, Tomaten, Zitronenstücke und je Hälfte Koriander und Thymian zugeben. Fond zugießen. Mit Salz, Pfeffer, Zimt und Safran würzen, zugeben. Zugedeckt ca. 45 Minuten köcheln.

4 Oliven ca. 15 Minuten vor Ende der Garzeit zum Fleisch geben. Rest Koriander und Thymian zugeben. Mit Salz und Pfeffer abschmecken. Dazu schmeckt Couscous.

ZUBEREITUNGSZEIT ca. 1 Std.
PORTION ca. 570 kcal
E 52 g · F 36 g · KH 21 g

> NORDAFRIKA – HAUPTGERICHTE

Vegetarische *Tajine*

ZUTATEN FÜR 4 PERSONEN
- 200 g Pardinalinsen
- je 1 rote und gelbe Paprikaschote
- 2 Zucchini
- 1 Zwiebel
- 3 Knoblauchzehen
- 1 rote Peperoni
- 1 Dose (425 ml) stückige Tomaten
- ½ TL gemahlener Kreuzkümmel
- 1 TL Ras el-Hanout (marokkanische Gewürzmischung)
- Salz • Pfeffer
- ½ Bund glatte Petersilie

1 Linsen in 400 ml kochendem Wasser ca. 30 Minuten garen.

2 Paprika vierteln, entkernen, waschen und grob klein schneiden. Zucchini waschen und in Scheiben schneiden. Zwiebel und Knoblauch schälen, fein würfeln. Peperoni längs einschneiden, entkernen, waschen und in Ringe schneiden. Alles mit Tomaten mischen und mit Kreuzkümmel, Ras el-Hanout und Salz kräftig würzen.

3 Linsen in ein Sieb gießen und abtropfen lassen. Linsen und Gemüse mischen und alles in eine Tajine oder in einen Römertopf (ersatzweise Schmortopf) geben. Im vorgeheizten Backofen (E-Herd: 200 °C/Umluft: 180 °C/Gas: s. Hersteller) ca. 40 Minuten garen.

4 Petersilie waschen und hacken. Tajine mit Salz und Pfeffer abschmecken. Mit Petersilie und nach Belieben Ras el-Hanout bestreuen. Dazu schmeckt Joghurt.

ZUBEREITUNGSZEIT ca. 1 ¼ Std.
PORTION ca. 210 kcal
E 16 g · F 2 g · KH 31 g

Hähnchen-Dattel-Pastilla

ZUTATEN FÜR CA. 8 STÜCKE

- 2 Packungen (à 250 g) Filo- oder Yufkateig (à 10 Blätter; Kühlregal)
- 500 g Hähnchenfilet
- 7 Eier (Gr. M)
- Salz ♥ Pfeffer
- Currypulver
- 150 g Mandelkerne mit Haut
- 2 EL Olivenöl
- 120 g Butter
- 150 g entsteinte getrocknete Datteln
- 7 TL Zucker
- 1 TL Zimt
- Öl für die Form
- 1 Bund glatte Petersilie
- 250 g Vollmilchjoghurt

1 Teigblätter bei Raumtemperatur ruhen lassen. Fleisch abspülen, trocken tupfen. 6 Eier verquirlen, mit Salz und 1 TL Curry würzen.

2 Mandeln in einer Pfanne rösten, herausnehmen. Öl in der Pfanne erhitzen. Fleisch darin pro Seite ca. 5 Minuten braten. Mit Salz und Pfeffer würzen, herausnehmen. Eier in der Pfanne unter wenig Rühren stocken lassen. Herausnehmen.

3 Butter schmelzen. Fleisch mit zwei Gabeln zerzupfen. Mandeln grob hacken. Datteln in Scheiben schneiden, mit Mandeln mischen. Zucker und Zimt mischen.

4 5 Teigblätter versetzt übereinander in eine geölte Springform (26 cm Ø) legen, dabei jedes Blatt dünn mit flüssiger Butter bestreichen. Hälfte Eimasse darauf verteilen. Mit 1 TL Zimtzucker bestreuen. 2 Teigblätter dünn mit Butter bestreichen, darauflegen. Hälfte Fleisch darauf verteilen. Mit 1 TL Zimtzucker bestreuen. 2 Teigblätter mit Butter bestreichen und darauflegen. Hälfte Mandelmischung darauf verteilen. Mit 2 TL Zimtzucker bestreuen. 2 Teigblätter mit Butter bestreichen und darauflegen. Übrige Zutaten und Teigblätter ebenso einschichten. Zum Schluss 5 Teigblätter jeweils dünn mit Butter bestreichen und die Mandelschicht damit bedecken.

5 1 Ei verquirlen und die obere Teigschicht damit bestreichen. Im vorgeheizten Backofen (E-Herd: 200 °C/Umluft: 180 °C/Gas: s. Hersteller) ca. 25 Minuten backen.

6 FÜR DEN DIP Petersilie waschen, hacken. Joghurt mit Petersilie, Salz, Pfeffer und Curry verrühren. Pastilla mit Joghurt anrichten.

ZUBEREITUNGSZEIT ca. 1 Std.
STÜCK ca. 700 kcal
E 31 g · F 36 g · KH 57 g

NORDAFRIKA – HAUPTGERICHTE

Ofenhuhn mit Salzzitronen

ZUTATEN FÜR 4 PORTIONEN
- 1 Bund glatte Petersilie
- 4 Knoblauchzehen
- 2 Salzzitronen (s. unten)
- 5 EL Olivenöl
- Edelsüßpaprika
- Meersalz
- 4 Hähnchenkeulen (à ca. 200 g)
- 200 g Mandelkerne mit Haut
- 150 g grüne Oliven ohne Stein
- *Backpapier*

1 FÜR DIE MARINADE Petersilie waschen, hacken. Knoblauch schälen, fein hacken. Salzzitronen aus der Lake nehmen, abtropfen lassen, Fruchtfleisch entfernen und Schale in 2–3 mm dünne Streifen schneiden. 4 EL Öl, Petersilie, Knoblauch, Zitronenschale, 1–2 TL Edelsüßpaprika und ½ TL Salz verrühren.

2 Hähnchenkeulen abspülen, trocken tupfen und mit Marinade bestreichen. Auf ein mit Backpapier ausgelegtes Backblech legen. Im vorgeheizten Backofen (E-Herd: 200 °C/Umluft: 180 °C/Gas: s. Hersteller) 50–60 Minuten garen.

3 1 EL Öl in einer beschichteten Pfanne erhitzen. Mandeln darin ca. 4 Minuten unter Wenden rösten. Mit Salz würzen, herausnehmen.

4 Keulen mit Oliven und einigen Mandeln bestreuen. Mit übrigen gerösteten Mandeln servieren.

ZUBEREITUNGSZEIT ca. 1 ½ Std.
PORTION ca. 810 kcal
E 50 g · F 64 g · KH 5 g

SALZZITRONEN
FÜR EIN GROSSES GLAS (CA. 1 L)
8 Bio-Zitronen *heiß waschen und trocken reiben. Längs und quer ein-, aber nicht durchschneiden. Je Zitrone* **2 TL Meersalz** *ins Fruchtfleisch geben bzw. stopfen. Twist-off-Glas mit Deckel heiß ausspülen. Gesalzene Zitronen in das Glas füllen. Nochmals mit ca.* **4 EL Meersalz** *bestreuen. Ca. 1 l kochendes Wasser über die Zitronen ins Glas gießen, bis sie komplett bedeckt sind. Glas zuschrauben. Salzzitronen bei Zimmertemperatur ca. 3 Wochen ziehen lassen.*

NORDAFRIKA – HAUPTGERICHTE

Hackbällchen auf Tomatensoße

ZUTATEN FÜR 4 PERSONEN
- ½ Bund glatte Petersilie
- ½ Bund Minze
- 300 g Rinderhack
- 1 Ei (Gr. M)
- 3 EL Semmelbrösel
- Salz
- Pfeffer
- 2 Zwiebeln
- 2 Knoblauchzehen
- 1 rote Chilischote
- 4 EL Olivenöl
- 1 TL gemahlener Kreuzkümmel
- ½ TL Zimt
- 1 EL Tomatenmark
- 1 Dose (850 ml) Tomaten
- 2 Lorbeerblätter
- 75 g Kalamata-Oliven ohne Stein
- 1 TL flüssiger Honig

1 FÜR DIE HACKBÄLLCHEN Petersilie und Minze waschen, fein hacken. Hack, Kräuter, Ei und Semmelbrösel verkneten. Mit Salz und Pfeffer kräftig würzen. Mit angefeuchteten Händen zu ca. 12 kleinen Bällchen formen. Zugedeckt ca. 30 Minuten kalt stellen.

2 FÜR DIE TOMATENSOSSE Zwiebeln und Knoblauch schälen und fein würfeln. Chili längs aufschneiden, entkernen, waschen und hacken.

3 2 EL Öl in einem Topf erhitzen. Kreuzkümmel und Zimt darin ca. 2 Minuten rösten. Zwiebeln zugeben, ca. 5 Minuten glasig dünsten. Chili und Knoblauch ca. 1 Minute mitdünsten. Tomatenmark, Tomaten samt Saft und Lorbeer zugeben. Tomaten etwas zerkleinern. Aufkochen und ca. 30 Minuten köcheln. Oliven ca. 10 Minuten vor Ende der Garzeit zugeben. Soße mit Salz, Pfeffer und Honig abschmecken.

4 2 EL Öl in einer großen Pfanne erhitzen. Hackbällchen darin unter Wenden 3–4 Minuten anbraten, herausnehmen. Tomatensoße in zwei ofenfeste Auflaufformen (à ca. 15 cm Ø) oder eine große ofenfeste Form geben. Hackbällchen darauf verteilen und im vorgeheizten Backofen (E-Herd: 160 °C/ Umluft: 140 °C/Gas: s. Hersteller) 20–25 Minuten braten. Mit dem Couscous (s. unten) servieren.

ZUBEREITUNGSZEIT ca. 1 ¼ Std.
PORTION ca. 360 kcal
E 20 g · F 25 g · KH 12 g

Dazu: Fruchtiger **Pistaziencouscous**

ZUTATEN FÜR 4 PERSONEN
- Salz
- 200 g Couscous (instant)
- 2 Lauchzwiebeln
- 100 g getrocknete Softaprikosen
- 100 g getrocknete Softfeigen
- 3 EL Pistazienkerne
- 100 ml Orangensaft
- 2 EL Zitronensaft
- 1 TL flüssiger Honig ♥ Pfeffer
- ¼ TL gemahlener Koriander
- ¼ TL Zimt ♥ ¼ gemahlener Ingwer

1 300 ml Salzwasser aufkochen. Couscous in eine große Schüssel geben. Salzwasser darübergießen und ca. 5 Minuten ziehen lassen. Lauchzwiebeln waschen und in Ringe schneiden. Aprikosen und Feigen in kleine Stücke schneiden. Pistazien hacken.

2 FÜR DAS DRESSING Orangen-, Zitronensaft und Honig mit Salz, Pfeffer, Koriander, Zimt und Ingwer verrühren.

3 Couscous mit einer Gabel auflockern und mit Lauchzwiebeln, Aprikosen, Feigen, Pistazien und Dressing mischen. Mit Salz und Pfeffer abschmecken.

ZUBEREITUNGSZEIT ca. 15 Min.
PORTION ca. 440 kcal
E 13 g · F 6 g · KH 82 g

Ein leichter Löffelspaß

Marokkanischer Gemüse-Rinder-Topf

ZUTATEN FÜR 4 PERSONEN
- 1 Gemüsezwiebel
- 2 Knoblauchzehen
- 500 g Rindergulasch
- 2 EL Öl ♥ Salz
- ½–1 TL Harissa (arabische Würzpaste; Tube)
- 2 EL Gemüsebrühe (instant)
- 2 Möhren
- 3 Stangen Staudensellerie
- 2 rote Paprikaschoten
- 100 g getrocknete Softaprikosen
- 500 g stückige Tomaten (Dose)
- 100 g Couscous (instant)

1 Zwiebel und Knoblauch schälen und fein würfeln. Fleisch trocken tupfen. Öl in einem Schmortopf erhitzen. Fleisch darin rundherum kräftig anbraten. Zwiebel und Knoblauch kurz mitbraten. Mit Salz und Harissa würzen. 1 l Wasser angießen, aufkochen und Brühe einrühren. Zugedeckt ca. 1 ½ Stunden schmoren.

2 Möhren schälen. Möhren und Sellerie waschen und in Scheiben schneiden. Paprika vierteln, entkernen, waschen und in grobe Stücke schneiden. Alles mit Aprikosen und Tomaten nach ca. 1 Stunde Garzeit zum Fleisch geben und mitgaren.

3 200 ml Wasser und ca. ½ TL Salz aufkochen, vom Herd nehmen. Couscous einrühren. Zugedeckt ca. 5 Minuten quellen lassen. Mit einer Gabel auflockern. Suppe mit Salz und Harissa abschmecken. Mit Couscous anrichten.

ZUBEREITUNGSZEIT ca. 2 Std.
PORTION ca. 390 kcal
31 g E · 10 g F · 41 g KH

NORDAFRIKA – HAUPTGERICHTE

Thunfisch-Eier-Brik

ZUTATEN FÜR 10 STÜCK
- 5 Blätter Filo- oder Yufkateig (30 x 31 cm; Kühlregal)
- 1 Dose (185 ml) Thunfisch in Öl
- 3–4 Lauchzwiebeln
- ½ Bund glatte Petersilie
- 75 g Hartkäse (z. B. Parmesan; Stück)
- 10 Eier (Gr. M)
- Salz • Pfeffer
- 3 EL Kapern
- 500–750 ml Öl zum Frittieren
- eventuell Bio-Zitrone und Minze zum Garnieren
- *Küchenpapier*

1 Teig bei Raumtemperatur ca. 10 Minuten ruhen lassen. Thunfisch abtropfen lassen und kleiner zupfen. Lauchzwiebeln waschen und in Ringe schneiden. Petersilie waschen und in Streifen schneiden. Käse reiben.

2 Ein feuchtes Geschirrtuch auf die Arbeitsfläche legen und ein trockenes Geschirrtuch darauflegen. 1 Teigblatt auf das Tuch legen, mit einem Messer diagonal halbieren. Von jedem Dreieck einen spitzen Winkel zum rechten Winkel überklappen.

3 In die Mitte eines Teigdreiecks ca. 1 TL Käse, Thunfisch und einige Lauchzwiebelringe geben, in die Mitte eine kleine Mulde drücken. 1 Ei trennen, Eiweiß in eine kleine Schüssel geben, Eigelb in die Mulde geben und mit Salz und Pfeffer würzen. Eigelb mit einigen Kapern, etwas Käse und Petersilie bestreuen.

Teigränder mit Eiweiß bestreichen. Andere Teigblätter über die Füllung klappen und das überstehende Dreieck unter das gefüllte Teigstück schlagen. Ränder gut andrücken. Auf die gleiche Weise neun weitere Taschen füllen.

4 Öl ca. 2 cm hoch in eine Pfanne mit hohem Rand (ca. 28 cm Ø) gießen und erhitzen. Taschen portionsweise darin erst mit der dicken Teigseite 1–2 Minuten frittieren, dann wenden und von der anderen Seite frittieren. Herausheben, auf Küchenpapier abtropfen lassen und warm stellen. Thunfisch-Käse-Brik mit Zitronenspalten und Minze garnieren.

ZUBEREITUNGSZEIT ca. 1 Std.
PORTION ca. 300 kcal
E 11 g · F 25 g · KH 8 g

A

Agnolotti – Teigtaschen mit Fleischfüllung ... 19
Albondigas – Hackbällchen in Tomatensoße ... 84
Apfelkuchen, gedeckter ... 139
Artischocken mit dreierlei Dips, gekochte ... 55
Artischocken-Schinken-Pizza ... 35

Aubergine
Auberginen-Moussaka ... 107
Hähnchen-Tajine mit Aubergine ... 172
Mezze-Trio ... 152
Patlican ezmesi – Auberginendip ... 161
Ratatouille mit Kräutercroûtons ... 51
Raznjici – Fleischspieße mit Gemüsepaste ... 129
Spaghetti mit Auberginen-Hack-Soße ... 21

B

Baklava ... 165
Baklava-Törtchen ... 119
Bauernsalat, griechischer ... 103
Bifteki mit Kartoffel-Chips und Tsatsiki ... 104
Bohnen-Tomaten-Salat ... 117
Bouillabaisse ... 57
Boukies (kleine Nudeln) ... 113

Bohnen
Cassoulet, deftiger ... 49
Gemüsesuppe Minestrone ... 27
Gewürzhähnchen mit Gemüse ... 143
Nizza-Salat mit Senf-Speck-Vinaigrette ... 50
Paella, spanische, mit Meeresfrüchten ... 79
Pasta mit Thymian-Pfifferlingen und Speck ... 22
Schweinelende mit Sobrasada ... 73
Sommergemüse, geschmortes ... 101
Weiße Bohnen mit Salsicce ... 26

C

Cannelloni bolognese im Spinatbett ... 20
Carpaccio mit Rucola-Sellerie-Salat ... 27
Cassoulet, deftiger ... 49
Cavaletti, apulische, mit Garnelen ... 25
Cevapcici mit Tomatenreis ... 131
Cidrekoteletts, provenzalische ... 45
Crema catalana mit Himbeeren ... 95
Crêpes Suzette mit Orangen-Karamellsoße ... 64
Crostini mit Tomaten ... 29

Champignons
Coq au Vin rosé mit Kartoffel-Sellerie-Püree ... 46
Pizza Calzone ... 32
Sherry-Champignons mit Chorizo ... 83
Tomaten-Kräuter-Hähnchen ... 11

D

Dorade zu Orangen-Fenchel-Salat ... 13
Doradenfilets auf buntem Tomatensalat ... 83

E

Empanadas mit Hähnchenfüllung ... 88
Entrecote mit Senfrahm und Kartoffelpüree ... 47
Ezme – Tomaten-Paprika-Dip ... 161

Eier
Crêpes Suzette mit Orangen-Karamellsoße ... 64
Eclairs mit Kaffeecreme ... 65
Espresso-Crème-brulée ... 67
Flan caramel mit feiner Salznote ... 92
Hähnchen-Dattel-Pastilla ... 174
Honigkuchen-Tarte-Tatin ... 66
Käse-Kartoffel-Omelett ... 89
Käse-Quiches ... 61
Menemen – Bauernfrühstück mit Sucuk ... 158
Milchpastete Galaktoboúreko ... 120
Nizza-Salat mit Senf-Speck-Vinaigrette ... 50
Olivenölkuchen mit Orange ... 123
Schichtstrudel Gibanica ... 137
Senf-Ei-Dip ... 55
Spaghetti alla carbonara ... 22
Spinat-Shakshuka ... 169
Thunfisch-Eier-Brik ... 179
Thunfischsalat, mallorquinischer ... 91
Zucchini-Thunfisch-Tarte mit Ziegenfrischkäse ... 63
Zuppa inglese alla romana ... 37

F

Fattouche – marokkanischer Brotsalat ... 170
Feta-Bulgur-Salat, purpurner ... 150
Feta-Oliven-Creme ... 115
Feigen, gebackene, mit Pistazien-Walnuss-Sirup ... 122
Fladen, knusprige, mit Kartoffelfüllung ... 159
Flan caramel mit feiner Salznote ... 92
Fleischspieße, dreierlei ... 101

Fisch
Bouillabaisse ... 57
Cavaletti, apulische, mit Garnelen ... 25
Dorade zu Orangen-Fenchel-Salat ... 13
Doradenfilets auf buntem Tomatensalat ... 83
Fisch-Tomaten-Topf ... 135
Garnelen in Knoblauchöl ... 85
Garnelen-Saganaki – Garnelen mit Ouzo und Feta ... 111
Gnocchetti sardi mit Thunfisch ... 25
Grillplatte mit Fisch und Scampi ... 134
Kabeljau im Tomaten-Chorizo-Sud ... 76
Muscheln in Weißwein-Sahne ... 59
Paella, spanische, mit Meeresfrüchten ... 79
Rotbarben auf mallorquinische Art ... 74
Spaghetti vongole ... 23
Thunfisch-Eier-Brik ... 179
Thunfischsalat, mallorquinischer ... 91
Tintenfisch auf Gemüseragout ... 30
Tintenfisch in Tomaten-Knoblauch-Soße ... 86
Vitello tonnato – Kalbsfleisch in Thunfischsoße ... 29
Zucchini-Thunfisch-Tarte mit Ziegenfrischkäse ... 63

G

Garnelen in Knoblauchöl ... 85
Garnelen-Saganaki – Garnelen mit

REZEPTE VON A BIS Z

Ouzo und Feta ... 111
Gazpacho „Andaluz" ... 90
Gemüsekuchen vom Blech ... 80
Gemüse-Rindertopf, marokkanischer ... 178
Gemüsesuppe Minestrone ... 27
Gewürz-Ossobuco mit Mandel-Gremolata und Polenta ... 9
Gnocchetti sardi mit Thunfisch ... 25
Grießkuchen mit Orangensalat ... 164
Grillplatte mit Fisch und Scampi ... 134

Geflügel
Coq au Vin rosé mit Kartoffel-Sellerie-Püree ... 46
Empanadas mit Hähnchenfüllung ... 88
Fleischspieße, dreierlei ... 101
Gewürzhähnchen mit Gemüse ... 143
Hähnchen-Dattel-Pastilla ... 174
Hähnchenfilet mit Taboulé und Minzjoghurt ... 171
Hähnchenpfanne Cripnja ... 132
Hähnchen-Tajine mit Aubergine ... 172
Ofenhuhn mit Salzzitronen ... 175
Pizza con Pollo ... 33
Rindfleischtopf mit Kichererbsen ... 77
Salat, fruchtiger, mit Leber-Pâté ... 56
Tomaten-Kräuter-Hähnchen ... 11
Zitronen-Hühnersuppe, griechische ... 110

H

Hähnchen-Dattel-Pastilla ... 174
Hähnchenfilet mit Taboulé und Minzjoghurt ... 171
Hähnchenpfanne Cripnja ... 132
Hähnchen-Tajine mit Aubergine ... 172
Havuc ezmesi – Möhren-Kreuzkümmel-Dip ... 161
Honigkuchen-Tarte-Tatin ... 66
Hummus – Kichererbsen-Sesam-Dip ... 145

Hack
Auberginen-Moussaka ... 107
Bifteki mit Kartoffel-Chips und Tsatsiki ... 104
Cevapcici mit Tomatenreis ... 131
Hackbällchen auf Tomatensoße ... 177
Kebab mit Joghurt und Tomatensoße ... 156
Lahmacun – türkische Pizza ... 162
Lasagne al forno ... 24
Pastizio – Makkaroni-Hack-Auflauf ... 102
Schinkenpastete mit Zwiebel-Portwein-Confit ... 52
Spaghetti mit Auberginen-Hack-Soße ... 21

J

Joghurtbecher mit Honignüssen ... 121

K

Kakaozucker-Churros mit dunkler Schokosoße ... 94
Kalbsröllchen mit Spinat und Polenta ... 12
Kebab mit Joghurt und Tomatensoße ... 156
Krapfen, istrische ... 138
Kraut-Möhren-Salat ... 117
Kräuter-Zitronen-Lamm, geschmortes ... 108

Kartoffeln
Auberginen-Moussaka ... 107
Bifteki mit Kartoffel-Chips und Tsatsiki ... 105
Coq au Vin rosé mit Kartoffel-Sellerie-Püree ... 46
Entrecote mit Senfrahm und Kartoffelpüree ... 47
Fladen, knusprige, mit Kartoffelfüllung ... 159
Grillplatte mit Fisch und Scampi ... 134
Hähnchenpfanne Cripnja ... 132
Kartoffeldip ... 55
Kartoffeln, orientalische ... 146
Kartoffel-Porree-Rahmsuppe ... 58
Käse-Kartoffel-Omelett ... 89
Mais-Maneštra ... 133
Pasticada mit Mangold ... 130
Patatas à la Riojana mit Kichererbsen ... 81
Rindfleischtopf mit Kichererbsen ... 77
Rotbarben auf mallorquinische Art ... 74
Schweinelende mit Sobrasada ... 73
Sommergemüse, geschmortes ... 101

Käse
Agnolotti – Teigtaschen mit Fleischfüllung ... 19
Artischocken-Schinken-Pizza ... 35
Cannelloni bolognese im Spinatbett ... 20
Feta-Oliven-Creme ... 115
Käse-Kartoffel-Omelett ... 89
Käse-Quiches ... 61
Kräuterfeta, eingelegter ... 115
Lasagne al forno ... 24
Manchego-Würfel mit Paprikasalsa ... 87
Melone-Mozzarella mit Schinken ... 28
Melonen-Feta-Salat ... 115
Paprikapfännchen mit Halloumi ... 151
Pastizio – Makkaroni-Hack-Auflauf ... 102
Pide, zweierlei ... 155
Pizza Calzone ... 32
Pizza con Pollo ... 33
Pizza Margherita ... 34
Raznjici – Fleischspieße mit Gemüsepaste ... 129
Salat, gemischter, mit Gyros ... 105
Schafskäse, eingelegter, mit Kräutern ... 85
Sigara böregi – Filo-Feta-Zigarren mit gebratener Zucchini und Knoblauchjoghurt ... 163
Spaghetti alla carbonara ... 22
Spanakopita – Spinat-Feta-Kuchen ... 112
Taboulé, Bulgursalat mit Fenchel ... 148
Tomate-Burrata mit Basilikum und Olivenöl ... 28
Weißkohl-Tartelettes ... 62
Zucchini-Risotto mit Pancettachips ... 15
Zucchini-Thunfisch-Tarte mit Ziegenfrischkäse ... 63

Kichererbsen
Hummus – Kichererbsen-Sesam-Dip ... 145
Kabeljau im Tomaten-Chorizo-Sud ... 76
Ofenfalafel ... 147

L

Lahmacun – türkische Pizza ... 162
Lasagne al forno ... 24
Limoncello-Mousse mit Cantuccini ... 38

Lamm
Kräuter-Zitronen-Lamm, geschmortes ... 108
Lammtopf, korsischer, mit Erbsen ... 48

Linsen
Linsen mit Fenchelwurst ... 14

181

Linsensuppe mit Kürbis und Avocado 149
Mercimek köftesi – Rote-Linsen-Frikadellen 153
Tajine, vegetarische 173

M

Mais-Maneštra 133
Manchego-Würfel mit Paprikasalsa 87
Melone-Mozzarella mit Schinken 28
Melonen-Feta-Salat 115
Melonen-Granita 41
Menemen – Bauernfrühstück mit Sucuk 158
Mercimek köftesi – Rote-Linsen-Frikadellen 153
Mezze-Trio 152
Milchpastete Galaktoboúreko 120
Minzjoghurt 145
Muscheln in Weißwein-Sahne 59

N

Nizza-Salat mit Senf-Speck-Vinaigrette 50
Nudeln
  Agnolotti – Teigtaschen mit Fleischfüllung 19
  Boukies (kleine Nudeln) 113
  Cannelloni bolognese im Spinatbett 20
  Cavaletti, apulische, mit Garnelen 25
  Gnocchetti sardi mit Thunfisch 25
  Lasagne al forno 24
  Nudeln mit zartem Rindsragout 21
  Pasta mit Brokkoli und Rucola 23
  Pasta mit Thymian-Pfifferlingen und Speck 22
  Pastitsáda – Kalbsfleisch mit Makkaroni 109
  Pastizio – Makkaroni-Hack-Auflauf 102
  Spaghetti alla carbonara 22
  Spaghetti mit Auberginen-Hack-Soße 21
  Spaghetti vongole 23

O

Ofenfalafel 147
Ofenhuhn mit Salzzitronen 175
Oliven
  Boukies (kleine Nudeln) 113
  Doradenfilets auf buntem Tomatensalat 83
  Feta-Oliven-Creme 115
  Kraut-Möhren-Salat 117
  Nizza-Salat mit Senf-Speck-Vinaigrette 50
  Oliven, gewürzte 31
  Raznjici – Fleischspieße mit Gemüsepaste 129
  Salat, gemischter, mit Gyros 105
  Thunfischsalat, mallorquinischer 91
Orangen
  Crêpes Suzette mit Orangen-Karamellsoße 64
  Feigen, gebackene, mit Pistazien-Walnuss-Sirup 122
  Grießkuchen mit Orangensalat 164
  Olivenölkuchen mit Orange 123

P

Paella, spanische, mit Meeresfrüchten 79
Pannacotta mit Campari-Erdbeeren 40
Pasta mit Brokkoli und Rucola 23
Pasta mit Thymian-Pfifferlingen und Speck 22
Pasticada mit Mangold 130
Pastitsáda – Kalbsfleisch mit Makkaroni 109
Pastizio – Makkaroni-Hack-Auflauf 102
Patatas à la Riojana mit Kichererbsen 81
Patlican ezmesi – Auberginendip 161
Pflaumen und Datteln im Speckmantel 84
Pide, zweierlei 155
Piri-Piri-Kaninchen, feuriges 75
Pistaziencouscous, fruchtiger 177
Pizza Calzone 32
Pizza con Pollo 33
Pizza Margherita 34
Paprika
  Ezme – Tomaten-Paprika-Dip 161
  Fattouche – marokkanischer

Brotsalat 170
Gazpacho „Andaluz" 90
Gemüsekuchen vom Blech 80
Gemüse-Rindertopf, marokkanischer 178
Gewürzhähnchen mit Gemüse 143
Käse-Kartoffel-Omelett 89
Paprikapfännchen mit Halloumi 151
Paprika-Walnuss-Creme 145
Pimientos de Padrón 83
Ratatouille mit Kräutercroûtons 51
Rotbarben auf mallorquinische Art 74
Sommergemüse, geschmortes 101

R

Ratatouille mit Kräutercroûtons 51
Raznjici – Fleischspieße mit Gemüsepaste 129
Rotbarben auf mallorquinische Art 74
Reis
  Cevapcici mit Tomatenreis 131
  Paella, spanische, mit Meeresfrüchten 79
  Reis, persischer 143
  Zitronen-Hühnersuppe, griechische 110
  Zucchini-Risotto mit Pancettachips 15
Rind
  Carpaccio mit Rucola-Sellerie-Salat 27
  Entrecote mit Senfrahm und Kartoffelpüree 47
  Fleischspieße, dreierlei 101
  Gemüse-Rindertopf, marokkanischer 178
  Gewürz-Ossobuco mit Mandel-Gremolata und Polenta 9
  Kalbsröllchen mit Spinat und Polenta 12
  Nudeln mit zartem Rindsragout 21
  Pasticada mit Mangold 130
  Pastitsáda – Kalbsfleisch mit Makkaroni 109
  Rindfleischtopf mit Kichererbsen 77
  Saltimbocca alla romana 16
  Scaloppine al Limone 17
  Vitello tonnato, Kalbsfleisch in Thunfischsoße 29

S

Salat, fruchtiger, mit Leber-Pâté	56
Saltimbocca alla romana	16
Salzmandeln, geröstete	83
Scaloppine al Limone	17
Schafskäse, eingelegter, mit Kräutern	85
Schichtstrudel Gibanica	137
Senf-Ei-Dip	55
Sesammöhren mit Datteln	146
Sherry-Champignons mit Chorizo	83
Sigara böregi – Filo-Feta-Zigarren	163
Sommergemüse, geschmortes	101
Spaghetti alla carbonara	22
Spaghetti mit Auberginen-Hack-Soße	21
Spaghetti vongole	23
Spanakopita – Spinat-Feta-Kuchen	112
Spinat-Shakshuka	169

Schwein

Artischocken-Schinken-Pizza	35
Cassoulet, deftiger	49
Cidrekoteletts, provenzalische	45
Fleischspieße, dreierlei	101
Melone-Mozzarella mit Schinken	28
Pasta mit Thymian-Pfifferlingen und Speck	22
Raznjici, Fleischspieße mit Gemüsepaste	129
Salat, gemischter, mit Gyros	105
Schinkenpastete mit Zwiebel-Portwein-Confit	52
Schnitzelröllchen mit Leber und Salbei	31
Schweinebraten, Florentiner	10
Schweinelende mit Sobrasada	73
Zucchini-Risotto mit Pancettachips	15
Zwiebel-Tarte-Tatin mit Speckmarmelade	60

T

Taboulé – Bulgursalat mit Fenchel	148
Tajine, vegetarische	173
Tapenade	55
Tarta de Santiago	93
Thunfisch-Eier-Brik	179
Thunfischsalat, mallorquinischer	91
Tintenfisch auf Gemüseragout	30
Tintenfisch in Tomaten-Knoblauch-Soße	86
Tiramisu	39
Torta al cioccolato	36

Tomaten

Albondigas – Hackbällchen in Tomatensoße	84
Artischocken-Schinken-Pizza	35
Bauernsalat, griechischer	103
Bohnen-Tomaten-Salat	117
Cannelloni bolognese im Spinatbett	20
Cassoulet, deftiger	49
Cevapcici mit Tomatenreis	131
Crostini mit Tomaten	29
Dorade zu Orangen-Fenchel-Salat	13
Doradenfilets auf buntem Tomatensalat	83
Ezme – Tomaten-Paprika-Dip	161
Fisch-Tomaten-Topf	135
Gazpacho „Andaluz"	90
Gemüse-Rindertopf, marokkanischer	178
Gewürzhähnchen mit Gemüse	143
Gewürz-Ossobuco mit Mandel-Gremolata und Polenta	9
Hackbällchen auf Tomatensoße	177
Kabeljau im Tomaten-Chorizo-Sud	76
Kebab mit Joghurt und Tomatensoße	156
Lahmacun – türkische Pizza	162
Linsensuppe mit Kürbis und Avocado	149
Paprikapfännchen mit Halloumi	151
Pizza Margherita	34
Ratatouille mit Kräutercroûtons	51
Salat, gemischter, mit Gyros	105
Schweinebraten, Florentiner	10
Schweinelende mit Sobrasada	73
Sommergemüse, geschmortes	101
Tomate-Burrata mit Basilikum und Olivenöl	28
Tomaten-Kräuter-Hähnchen	11
Weiße Bohnen mit Salsicce	26
Zwiebel-Tarte-Tatin mit Speckmarmelade	60

V

Vitello tonnato, Kalbsfleisch in Thunfischsoße	29

W

Weiße Bohnen mit Salsicce	26
Weißkohl-Tartelettes	62

Y

Yaprak Sarmasi – Weinblätter mit Linsen	157

Z

Zabaione mit Beeren	39
Zitronen-Hühnersuppe, griechische	110
Zuppa inglese alla romana	37
Zwiebelsuppe mit Weißweincroûtons	53
Zwiebel-Tarte-Tatin mit Speckmarmelade	60

Zucchini

Gemüsesuppe Minestrone	27
Grillplatte mit Fisch und Scampi	134
Ratatouille mit Kräutercroûtons	51
Sigara böregi – Filo-Feta-Zigarren mit gebratener Zucchini und Knoblauchjoghurt	163
Tajine, vegetarische	173
Tapenade	55
Zucchini-Risotto mit Pancettachips	15
Zucchini-Thunfisch-Tarte mit Ziegenfrischkäse	63

IMPRESSUM

„Gelingt immer!" steht auf dem Garantiesiegel des Buchcovers. Dieser Qualitätsanspruch ist uns wichtig, damit bei Ihnen zu Hause auch wirklich alles reibungslos klappt. **Dafür wird jedes Rezept von unserer Redaktion mehrfach getestet.** Ernährungswissenschaftler kochen und backen die Rezepte in unserer Versuchsküche nach. Die Foodstylisten verwenden für die Fotos nur echte Lebensmittel, damit alles natürlich ist und auch so aussieht. Nur wenn die Rezepte perfekt gelingen, veröffentlichen wir sie. Dafür steht unser Siegel.

Die Ratschläge in diesem Buch wurden von Autoren und Verlag sorgfältig erwogen und geprüft, dennoch kann eine Garantie nicht übernommen werden. Eine Haftung der Autoren bzw. des Verlags und seiner Beauftragten für Personen-, Sach- oder Vermögensschäden ist ausgeschlossen.

Moewig bei ZS
Die ZS Verlag GmbH ist ein Unternehmen der Edel AG, Hamburg.

www.zsverlag.de, www.facebook.com/zsverlag

Copyright © 2019 ZS Verlag GmbH Kaiserstraße 14b, D-80801 München
1. Auflage 2019

Redaktion kochen & genießen:
Chefredaktion: Gabriele Mühlen
Redaktionsleitung: Stefanie Reifenrath, Jan Bockholt
Konzeption & Text: Jan Bockholt
Redaktion: Angela Berger, Volker Eggers (freier Mitarbeiter), Doris Gibson
Chefinnen vom Dienst: Nadine Baecker, Christine Matthiesen
Layout: Matthew Wolter (Art Director), Christiane Hagge
Fotos: Christian Suhrbier
Illustrationen: Shutterstock, iStockphoto
Getty Images (10), iStockphoto (6), Shutterstock (2),
House of Food/Bauer Food Experts (17)

Projektkoordination & Producing: Julia Sommer, Jan Russok

Druck & Bindung
optimal media GmbH, Glienholzweg 7,
17207 Röbel/Müritz

Alle Rechte vorbehalten. All rights reserved.
Das Werk darf – auch teilweise – nur mit Genehmigung des Verlags wiedergegeben werden.

Printed in Germany

ISBN 978-3-96292-008-1

HOUSE of FOOD